TEACH YOURSELF MĀORI

The late Rev. Kahikatoa Takimoana Harawira belonged to the North Auckland tribe of Te Aupōuri. He was born in Te Kao in 1892 and was educated at Te Aute College. Following active service in World War I (he was wounded at Gallipoli) he returned to New Zealand and was ordained as an Anglican minister. In World War II he was the first padre of the 28th (Māori) Battalion. After the war he was the first Māori vocational guidance officer and was also an A grade Māori interpreter and examiner in oral Māori at the University of Auckland. He died in 1963.

Tīmoti Kāretu (Tūhoe), formerly Professor of Māori at the University of Waikato, is the Māori Language Commissioner (Te Taura Whiri i te Reo Māori). Educated at Victoria University, Professor Kāretu is the acknowledged expert on Māori language, and is the author of a language text, *Te Reo Rangatira*. He is a member of Te Kohanga Reo Board of Trustees and chairman of the New Zealand Māori Performing Arts Festival Committee.

TEACH YOURSELF
MĀORI

K. T. HARAWIRA

revised by
TĪMOTI KĀRETU

REED

First published 1950
Second edition 1954
Reprinted 1961, 1963, 1974, 1978, 1981, 1984, 1986,
1988, 1990, 1992
Third edition (revised by Tīmoti Kāretu) 1994
Reprinted 1997
Reprinted 2000, 2001
Reprinted 2002

Published by Reed Books, a division of Reed
Publishing (NZ) Ltd, 39 Rawene Road,
Birkenhead, Auckland 10. Associated companies,
branches and representatives throughout the world.

ISBN 0 7900 0325 2

Printed in New Zealand

Contents

Preface
to the revised edition

Since 1950, when *Teach Yourself Māori* was first published,
many language texts have come on to the market, each
making its own contribution to the continued teaching and
learning of Māori. This book, however, has stayed the
course and been continuously in print, which says much for
the approach of the original author and the ease with which
it can be read and understood.

The Reverend K. T. Harawira was a native speaker of
the language and a teacher of some years' experience. He
was, therefore, eminently suited to be the author of a book
for the student of the Māori language. In *Teach Yourself
Māori* he provided an excellent first step to learning Māori.

There is no way of acquiring a language 'without tears'.
Language acquisition requires time, dedication and
constant practice to master the pronunciation, the stress
and the intonation, as well as the grammar. Nor can a
language be learned exclusively from a text. There will
always be the need for a tutor to exemplify extensions of a
construction, to provide the idiom and the colloquialism,
and to explain the shades of difference in meaning.

Students of a language need to know from the outset
how a word is pronounced and where the stress is. It is
irresponsible of any text not to indicate vowel length, hence
the use of the macron in this revised edition. Every vowel
that is long has been indicated with a macron, and to
minimise confusion, linguistic features that are highly
dialectal have been removed. These changes will ease the
learning burden for the student.

I feel certain that this book will whet the linguistic
appetite of anyone who wishes to learn Māori and to
master its idioms and colloquialisms, its subtleties and
nuances, its metaphors and aphorisms, and, more
importantly, to understand the punchline of a joke – surely
the true indication of one's mastery of a language.

E kara, nāu tēnei waka reo i whakatere, ā, e tere tonu nei i runga i ngā wai o te hiahia kia mau tonu te reo. Nāu te ara i para, ko tā mātou he takahi i taua ara.

Tihē mauri ora!

Tīmoti S. Kāretu
July 1993

1

Pronunciation

Māori pronunciation is relatively simple. There are only 15 letters in the Māori alphabet, as against 26 in the English. The 15 letters consist of:

(a) Five vowels: a, e, i, o, u.
(b) Eight consonants: h, k, m, n, p, r, t, w.
(c) Two digraphs: wh, ng.

All Māori sounds are governed by the *vowel* sounds. Each vowel may be *long* or *short*, but it must not be varied. (A long sound is indicated by a macron – the bar over the letter, eg ā.) When two vowels come together in a word, each must be given its own sound. By way of comparison, take the sounds of the letter 'a' in the following English words:

      hay   at   all   another

In each case 'a' has a different sound. In Māori there is *no variation*.

The following are the vowel sounds:

	(long)		(short)
a	as in	f*a*r	*a*bout
e	as in	b*e*d	*e*nter
i	as in	sh*ee*p	d*i*p
u	as in	b*oo*t	p*u*t

The vowel o in Māori is difficult to pronounce correctly, as the English o is really a combination of the sounds ō and ü. In Māori the o is clipped, more like the *aw* sound in the word *awful,* or the vowel sound in the word *pork.* Care must be taken not to introduce a second vowel into the sound.

Place a consonant before any vowel:

p	before	*a*	*pa* sound as *pah*
h	before	*i*	*hi* sound as *he*
m	before	*u*	*mu* sound as *moo*
k	before	*o*	*ko* sound as *kaw*
			(clip the vowel sound)
t	before	*u*	*tu* sound as *too*

Exercise 1.1

Practise the following, always remembering the vowel sounds:

a	e	i	o	u
ha	he	hi	ho	hu
ka	ke	ki	ko	ku
ma	me	mi	mo	mu
na	ne	ni	no	nu
pa	pe	pi	po	pu
ra	re	ri	ro	ru
ta	te	ti	to	tu
wa	we	wi	wo	wu
nga	nge	ngi	ngo	ngu
wha	whe	whi	—	—

Every sound in the Māori language is contained in the above table.

Two sounds that need great care are *wh* and *ng*. *Wh* is usually sounded as *f* in English.

There are three tribal areas which pronounce the sound differently while the rest of the tribes pronounce it like the *f* sound in English. The three exceptions are the tribes of the north (Ngā Puhi, Te Aupōuri, Te Rarawa) where it is pronounced as though it were a straight *h,* the *w* not being heard, eg:

| whakaaro | *hakaaro* |
| whakarongo | *hakarongo* |

Among the tribes of the west coast of the North Island (Taranaki and Wanganui) the *h* is represented by a glottal and so the *wh* sound is rather more like *w*, hence Wanganui as opposed to Whanganui in the pronunciation of all the other tribes.

Ng is pronounced as in the English word *hangar*, without the *ha* at the beginning, or the word *singing*, omitting the *s* and the two vowels.

Wha-nga-mō-mo-na	Whā-ngā-rā
Wha-tu-whi-whi	Ngo-ngo-ta-hā
Whā-ngā-re-i	Wha-nga-nu-i

Vocabulary

ngaru	wave (of the sea)
ngaro	be missing, lost, disappeared
ngeru	cat
ngira	needle

The Long Vowel

In pronouncing the vowels great care should be taken that the *long vowel* is formed simply by *lengthening* the sound of the short vowel, at the same time maintaining its purity; that is to say, without the slightest trace of deflection or gliding into the sound of another vowel, as in the case of:

   o and *u*:   *ou*   or   *e* and *i:*   *ei*

The *doubling* of a vowel amounts simply to a lengthening of its sound.

Exercise 1.2

Repeat the following:

taa	tae	tai	tao	tau
toa	toe	toi	to	tou
tea	tee	tei	teo	teu
tia	tie	tii	tio	tiu

Remember, each vowel has only *one sound,* which may *vary in length.*

Be careful always to give each vowel its own sound—to avoid confusion between *ae* and *ai,* as in the words:

waewae	*and* waiwai	he	*and* hei
ao	*and* au	tao	*and* tau
o	*and* ou	koko	*and* koukou
ou	*and* u	koutou	*and* kutu

Consonants

The *consonants* always stand singly, and every syllable ends with a vowel.

 **Exercise 1.3**

Practise:

Ka-ra-nga-ha-pe	Ta-u-ma-ru-nu-i
Whe-nu-a-pa-i	Ti-ti-ra-ngi
Ō-to-ro-ha-nga	O-ne-hu-nga
Ro-to-ru-a	Pa-pa-to-e-to-e
Ho-ki-ti-ka	Ngā-ru-a-wā-hi-a
Ō-wa-i-ra-ka	Pi-pi-ri-ki
Te-A-wa-mu-tu	A-o-te-a-ro-a
Pa-e-kā-kā-ri-ki	Ō-tā-hu-hu

By far the commonest mistake made by beginners is the pronunciation of *ei.* Very often these two letters come together in one word. Remember that each has its own sound:

e	eh	*as in* enter
i	ee	*as in* sheep

Together, ei or eh-ee—then you will have a sound something like *ay.*

Vocabulary

tēnei	this	*sound like*	te-nay
ēnei	these	*sound like*	e-nay

| rānei | or | *sound like* | ra-nay |
| heihei | fowl | *sound like* | hay-hay |

 **Exercise 1.4**

Practise this haka.

Ka mate, ka mate. ka ora, ka ora.
Ka mate, ka mate, ka ora, ka ora.
Tēnei te tangata pūhuruhuru
Nana i tiki mai whakawhiti te rā.
Hūpane! kaupane! hupane! kaupane!
Whiti te rā!

Ringa pakia!
Waewae takahia kia rite!
E kino nei hoki.
Ringaringa i torona kei waho mau tonu!
Tau, ka tau, hei!
Tau, ka tau, hei!
Tau, ka tau ki runga o Tāmaki
Whāngaia mai rā.
Ngē, ngē, ngē, ara tū, ara tā, ara tau!

Words from English

Just as there are many English words made up from other languages, so there are many Māori words made up from English. There were many things that Māori had never seen before Europeans came to New Zealand, so they listened carefully to the names given to these things, then they tried to repeat the words.

Some of them we use every day:

hōiho	horse	hū	shoe	paraoa	bread
kau	cow	pouaka	box	rohi	loaf
hipi	sheep	tāone	town	pata	butter

| poaka | pig | pepa | paper | miraka | milk |
| raiona | lion | tōkena | stocking | huka | sugar |

Many European personal names have also been transliterated into Māori. Some examples are:

Ani	Ann	Ānaru	Andrew
Hūhana	Susan	Haki	Jack
Hūria	Julia	Hēnare	Henry
Irihāpeti	Elizabeth	Eruera	Edward
Kararaina	Caroline	Mikaere	Michael
Mere	Mary	Tiāre	Charles
Terēhia	Teresa	Wiremu	William

The Two Articles

	Definite	*Indefinite*
English	the	a
Māori	te (singular)	he
	ngā (plural)	

Examples:

| the horse | will be | te hōiho |
| a horse | will be | he hōiho |

As there is no 's' for plurals in Māori, the number of a common noun is generally denoted by the number of the definitive in connection with it. Therefore:

	the horses	will be	ngā hōiho
a hat	he pōtae	the hats	ngā pōtae
the book	te pukapuka	the books	ngā pukapuka
a dog	he kurī	the dogs	ngā kurī
the tree	te rākau	the trees	ngā rākau
a house	he whare	the houses	ngā whare
the man	te tangata	the men	ngā tāngata

The nouns have *no inflections* nor any distinctions of *gender.*

2

Adjectives

Let us now take the two English demonstrative adjectives 'this' and 'that'

this	tēnei
that	tēnā
that	tērā

You will notice that there are two Māori words for 'that', tērā and tēnā.

Tēnā is used when you are speaking about something *near the person spoken to*.

Tērā is used when you are speaking about something *away from both of you*.

Examples:

tēnei pōtae	this hat (near the speaker)
tēnā pōtae	that hat (near the person spoken to)
tērā pōtae	that hat (away from both)

For the plural again we do not change the word pōtae, but the definitive in connection with it, eg:

Tēnei into ēnei, just as you had to change the definite article te into ngā for the plural.

You will notice also that the change in this case was made simply by leaving the letter 't' out of the word tēnei. The same applies to the words tēnā and tērā, the plurals being ēnā and ērā.

Now let us try some simple sentences from these words:

He pōtae tēnei.	He pōtae tērā.
This a hat.	That a hat.

There is no equivalent to the verb 'to be' in Māori, so in the above translations we supply the verb to complete the sense in English.

He pōtae tēnei.	He pōtae tērā.
This *is* a hat.	That *is* a hat.

Plural:

He pōtae ēnei.	He pōtae ērā.
These *are* hats.	Those *are* hats.

Note that *he* is indefinite. To indicate a specific thing, etc, the specific particle *ko* is used:

Ko te pōtae o Ani tērā.

That is Ani's hat.

Words which are treated in the same way are:

pēnei	like this.
pēnā	like that, in that manner.
pērā	like that, in that manner.
konei	this place, here.
konā	that place (near you).
korā	that place (away from both).

Examples:

Tēnei whare pēnei i tērā.	This house is like that one (over there).
Kia pēnā te mahi ka pai.	If you work like that it will be good. (If like that the work it will be good.)
Kei konei te pōtae.	Here is the hat (At this place the hat.)

Vocabulary

A few simple adjectives:

good	pai	bad	kino
big	nui	small	iti
new	hou	old	tawhito
clean or white	mā		

Examples:

He tangata pai tērā.	He pōtae hou tēnei.
A man good that.	A hat new this.
That is a good man.	*This is a new hat.*

He pukapuka tawhito tēnā.
A book old that.
That is an old book (near the person spoken to).

Note: certain adjectives form the plural by *doubling* the
first syllable, eg:

A long spear	He tao *roa*.
Long spears	He tao *roroa*.
The long spear	Te tao *roa*.
The long spears	Ngā tao *roroa*.
A large house	He whare *nui*.
Large houses	He whare *nunui*.
The large house	Te whare *nui*.
The large houses	Ngā whare *nunui*.

 Exercise 2

Translate the following:

1 The new hats.

2 That is a big house.
3 This is a good book.
4 That is an old loaf.
5 This hat, those hats.
6 That is a white horse.
7 This is a small hat.

8 He pukapuka tawhito
  tēnei.
9 He tāone nui a Ākarana.
10 He hipi ērā.
11 Kei konā te tangata.
12 Kei korā ngā pukapuka.
13 Kia pērā te mahi ka kino.
14 Tēnei rākau pēnei i tēnā.

Vocabulary

Ākarana	Auckland	tamaiti	child
haere	to go	tao	spear
homai	to give (me)	tīkina	to fetch (passive)
hoatu	to give (him)	tini	many
mahi	to work	tino	very, quite

Word Stress

(1) As a general rule stress the *first* syllable, eg:

tēnei   **ē**nei   **pō**tae   **kā**kahu

(2) In words beginning with the causative prefix 'whaka', stress the *third* syllable, eg:

whaka**mu**tu   make an end of

(3) When the last two syllables of a three-syllable word are doubled, stress the *first* syllable, and slightly emphasise the second and fourth, eg:

āniwaniwa   rainbow   **kū**raruraru   perplexed

(4) In certain nouns the vowel is *lengthened* with the change from singular to plural, eg:

te matua	ngā *mā*tua	the parents
te tupuna	ngā *tū*puna	the ancestors
te tangata	ngā *tā*ngata	the men
te wahine	ngā *wā*hine	the women
te tuahine	ngā *tūā*hine	the sisters (of a man)
te tuakana	ngā *tūā*kana	the elder brothers
te teina	ngā *tē*ina	the younger brothers

Note: the word teina is used by (1) a boy when speaking of his younger brother; (2) a girl when speaking of her younger sister.

The word tuakana is used by (1) a boy when speaking of his older brother; (2) a girl when speaking of her older sister.

The word tuahine is used by a boy when speaking of his sister.

The word tungāne is used by a girl when speaking of her brother.

3

Personal Pronouns: Singular

While in English personal pronouns comprise singular and plural, in Māori there are singular, dual, and plural. In order to facilitate memorising these, they are tabulated as follows:

ahau or au: I, me
He tangata ahau.

| A man I | I am a man. |

Homai ki ahau.

| Give to me | Give it to me. |

nāku or nōku: mine, belonging to me.
Nāku tēnei pukapuka.

| Mine this book | This book is mine. |

Nōku tērā whare.

| Mine that house | That house belongs to me. |

māku or mōku: for me
Māku tēnā pukapuka.

| For me that book | That book is for me. |

Mōku tēnei waka.

| For me this canoe | This canoe is for me. |

taku or tōku: my
Homai taku pukapuka.

| Give my book | Give me my book. |

Homai tōku waka.

| Give my canoe | Give me my canoe. |

koe: you
Ko koe te tangata.

| You the man | You are the man. |

Haere koe.

| Go you | You go. |

nāu or nōu: yours, belonging to you
Nāu tēnā pukapuka.

Yours that book   That book is yours.
Nōu tērā whenua.

Yours that land   That land is yours.

māu or mōu: for you
Māu ēnei hipi.

For you these sheep   These sheep are for you.
Mōu tēnei whare.

For you this house   This house is for you.

tāu or tōu: your
Tēnei tāu pukapuka.

This your book   This is your book.
Tērā tōu waka.

That your canoe   That is your canoe.

ia: he, him, she, her
Ko ia te tangata.

He the man   He is the man.

nāna or nōna: his, hers, belonging to him/her
Nāna tēnei pukapuka.

His this book   This book is his.
Nōna tērā whare.

Hers that house   That house belongs to her.

māna or mōna: for him, her
Māna tērā kurī.

For her that dog   That dog is for her.
Mōna tēnei whenua.

For him this land   This land is for him.

tāna or tōna: his, her
Tāna pukapuka tēnei.

Her book this   This is her book.
Tōna waka tēnā.

His canoe that   That is his canoe.

4

Personal Pronouns: Dual

tāua: we, us (you and I)
Haere tāua.
Go you and I   Let us go. (you and I)

nā tāua: belonging to us
nō tāua: (you and I) ours
Nā tāua tēnei pukapuka. This book is ours.
Ours this book   (belongs to you and me)
Nō tāua ngā kākahu.   The clothes are ours.
Ours the clothes   (belong to us, you and
                              me)

mā tāua: for us (you and me)
mō tāua:
Mā tāua tērā rākau   That tree is for us. (you
For us that tree   and me)
Mō tāua tēnei rongoā   This medicine is for us.
For us this medicine   (you and me)

tā tāua: our (your and my)
tō tāua:
Tīkina tā tāua pukapuka.
Fetch your and my book Fetch our book.
Homai tō tāua waka.   Give me our (your and
Give our canoe   my) canoe.

māua: we, us (he/she and I)
Tēnei māua.   Here we (he/she and I)
This we   are.

nā māua: ours, his/her and mine
nō māua: belonging to us (him/her and me)
Nā māua tēnā hipi.   That sheep belongs to us.

Ours that sheep	(is ours, his/hers and mine)
Nō maua te whare	The house is ours. (belongs to her and me)
Ours the house	

mā māua: for us, for him/her and me
mō māua:

Mā māua ēnā hipi.	Those sheep are for us.
For us those sheep	(him/her and me)
Mō māua ēnei pōtae.	These hats are for us. (him/her and me)
For us these hats	

tā māua: our, his/her and my
tō māua:

Tā māua mahi tēnei.	
Our work this	This is his and my work.
Tō māua whenua tērā.	That is her and my (our) land.
Our land that	

kōrua: you two

Haere kōrua.	
Go you two	You two go.

Nā kōrua: yours, belonging to you two
Nō kōrua:

Nā kōrua tēnei mahi.	This work is yours (belongs to you two)
Yours this work	
Nō kōrua ēnā waka.	Those canoes belong to you two.
Yours those canoes	

Mā kōrua: for you two
Mō kōrua:

Mā kōrua tēnei mahi.	
For you two this work	This work is for you two.
Mō kōrua ēnei tōkena.	These stockings are for you two.
For you these stockings	

Tā kōrua: your (two)
Tō kōrua:

Tēnei tā kōrua pukapuka.	
This your book	This is your book.

Tēnei tō kōrua matua.　　Here is your father. (two of
This your father　　　　　you)

　Rāua:　they, them (two)
Tino pai rāua.　　　　　They are very good. (those
Very good they　　　　　two are very good)

　Nā rāua:　theirs, belonging to them (two)
　Nō rāua:
Nā rāua tērā tamaiti.　　That child is theirs. (two)
Theirs that child　　　　　(belongs to them)
Nō rāua ēnei hū.　　　　These shoes belong to
Theirs these shoes　　　　them. (two)

　　mā rāua:　for them (two)
　　mō rāua:
Mā rāua ēnei heihei.
For them these fowls　　These fowls are for them.
Mō rāua ēnā pōtae.　　Those hats are for them.
For them those hats　　　(two of them)

　　tā rāua:　their (two)
　　tō rāua:
Tino pai tā rāua mahi.
Very good their work　　Their work is very good.
Tino nui tō rāua whare.
Very big their house　　Their house is very big.

5

Personal Pronouns: Plural

tātou: we, us, you and I

Haere tātou ki Paihia.	Let us go to Paihia. (let all
Go us to Paihia	of us go)

nā tātou: ours, yours and mine, belonging to all
of us

nō tātou:

Nā tātou ēnei hipi.	
Ours these sheep	These sheep are ours.
Nō tātou tēnā whenua.	That land belongs to us.
Ours that land	That land is yours and mine.

mā tātou: for us, you and me

mō tātou:

Mā tātou ēnei kai.	These food are for us. (this
For us these food	food is for us)
Mō tātou tērā whare.	That house is for us. (for
For us that house	you and me, all of us)

tā tātou: our, your and my

tō tātou:

Tino pai tā tātou mahi.	
Very good our work	Our work is very good.
Tino nui tō tātou waka.	
Very large our canoe	Our canoe is very big.

mātou: we, us, they and I

Tēnei mātou.	
This (or here) we	Here we are.

nā mātou: ours, theirs and mine, belonging to
them and me

nō mātou:

Na mātou ēnei tao.	These spears belong to
Ours these spears	them and me. (to us)
Nō mātou tēnei whare.	
Ours this house	This house is ours.

mā mātou: for us, them and me, all of us
mō mātou:

Mā mātou ērā tao.	Those spears are for us.
For us those spears	(them and me)
Mō mātou ēnā kākahu.	Those clothes are for them
For us those clothes	and me. (all of us)

tā mātou: our, their and my
tō mātou:

Tā mātou mahi tēnei.	
Our work this	This is our work.
Tō mātou waka tēnei.	
Our canoe this	This is their and my canoe.

koutou: you (all of you)

Haere koutou.	
Go you	You go. (all of you go)

nā koutou: yours, belonging to all of you
nō koutou:

Nā koutou ēnei kau.	
Yours these cows	These cows belong to you.
Nō koutou ēnā tōkena.	Those stockings are yours.
Yours those stockings	(all of you)

mā koutou: for you (all of you)
mō koutou:

Mā koutou ēnei hipi.	
For you these sheep	These sheep are for you.
Mō koutou tēnā rongoā.	That medicine is for all of
For you that medicine	you.

tā koutou: your (all of you)
tō koutou:

Tā koutou mahi tēnei.	
Your work this	This is your work.

Tō koutou whare pai.
Your house good   Your good house.

 rātou: they, them, all of them
Tino tini rātou.   They are very many.
Very many they

 nā rātou: theirs, belonging to all of them
 nō rātou:
Nā rātou tēnei.   This is theirs.
Theirs this
Nō rātou tēnei whare.   This house belongs to all of
Theirs this house   them.

 mā rātou: for them
 mō rātou:
Mā rātou tēnei.   This is for them.
For them this
Mō rātou tēnei waka.   This canoe is for all of
For them this canoe   them.

 tā rātou: their
 tō rātou:
Tino pai tā rātou mahi. Their work is very good.
Very good their work
Tō rātou rongoā.   Their medicine.

 wai: who
Ko wai tēnā?   Who is that?
Who that

 nā wai: belonging to whom
 nō wai:
Nā wai tēnei pukapuka? Whose book is this?
To whom belongs this book (specifying a certain
         book)

Nō wai tēnā whare?   To whom does that house
Belonging to whom   belong?
 that house

 mā wai: for whom
 mō wai:

Mā wai tēnei pukapuka?	For whom is this book?
For whom this book	
Mō wai ēnā waka?	For whom are those canoes?
For whom those canoes	
tā wai: whose	
tō wai:	
Tā wai pukapuka?	Inferring 'Whose book do you mean?'
Whose book	not any specific book.
Tō wai whenua?	Whose land?

Ake and Anō

Ake used with the pronoun expresses self.
If anō is added, it gives more emphasis, eg:

Ahau ake	I myself
Koe ake	You yourself
Ia ake	He himself
Ahau ake anō	I myself (with added emphasis)
Koe ake anō	You yourself (with added emphasis)
Ia ake anō	He himself (with added emphasis)

Ake and anō used with the possessive express 'own'.

Nāku ake anō	My very own.
Nāna ake anō	His very own.
Tā rātou ake anō	Their very own.

6

Rules for the use of A and O

We have seen particles a and o in the previous lessons on personal pronouns, in such words as: nā, nō; mā, mō; tā, tō; tāku, tōku.

The distinction between the a and o categories of possessives is an important part of the language. Generally, the a category is used when the possessor has, or had, control of the relationship or is superior or dominant to what is owned. The o category is used when the possessor has, or had, no control over the relationship or is subordinate or inferior to what is owned.

The following lists indicate the types of things in the different categories.

A *is used in speaking of:*
1   Transitive actions. (Works accomplished or in progress.)
2   Movable property, instruments.
3   Food and drink.
4   Husband, wife, children, grandchildren, girlfriend, boyfriend.
5   Animals and pets.
6   People in an inferior position.

O *is used in speaking of:*
1   Intransitive actions.
2   Parts of anything, names, qualities.
3   Feelings.
4   Buildings and transport.
5   Inhabitants.
6   Water for drink, medicine, clothes.
7   Parents and other relatives (not husband, wife,

children, grandchildren).
8   Friends and superiors.

Examples:

What is that?	He aha tēnā?
A book.	He pukapuka.
For whom?	Mā wai?
For him.	Māna.
Give me your hand.	Homai tōu ringaringa.
This is your dog.	Nāu tēnei kurī.
This house is for us.	Mō tātou tēnei whare.
Give us your canoe.	Homai ki a mātou tōu waka.
That is your hat.	Nōu tēnā pōtae.
These are your food.	Nāu ēnei kai.
That book is mine.	Nāku tēnā pukapuka.
That book is for me.	Māku tēnā pukapuka.
That hat is mine.	Nōku tēnā pōtae.
That hat is for me.	Mōku tēnā pōtae.
Give me some water to drink	Homai he wai mōku.
That slave is for you.	Māu tēnā pononga.
Those clothes are for you.	Mōu ēnā kākahu.

Vocabulary

he aha	what	rongoā	medicine
kai	food	wai	water
kākahu	clothes	waka	canoe
pononga	slave	whenua	land
ringaringa	hand		

Conversation

Friend	E hoa
How do you do?	Tēnā koe?
How are you?	E pēhea ana koe?
Very well	Ka nui te pai *or* Tino pai
Come here	Haere mai
Go away	Haere atu

Exercise 6.1

Translate the following:

1   Ko ia tēnei.
2   Homai taku pukapuka.
3   Nāna tēnei tamaiti.
4   He rākau pai tāna.
5   Nō tāua tēnei waka.
6   Homai tā tāua pukapuka.
7   Nō māua ēnei kākahu.
8   Homai tā māua pukapuka.
9   Nā kōrua tēnei kurī.
10 Nā rāua tērā tamaiti.
11 Tā rāua tamaiti.
12 Nā tātou tēnei mahi.
13 Tīkina tō tātou waka.
14 Mō koutou tērā whare.
15 Mō rātou ērā kākahu.
16 Nāku tēnei pukapuka.
17 Nāu ēnei rākau.
18 Mōna tērā whare.
19 Haere tāua ki Tauranga.
20 Mā tāua ēnei kurī.
21 Homai ki a māua te waka.
22 Mō kōrua tēnei whare.
23 Homai ēnā mā māua.
24 Tā kōrua tamaiti tērā?
25 Mā mātou ēnei tao.
26 Haere tāua ki Rotorua.
27 Mā mātou tēnā mahi.
28 Nā koutou ēnei rākau.
29 Nā rātou ērā rākau.
30 Mō wai ēnei pōtae?

 Exercise 6.2

Give the Māori for the following:

1   Give me his hat.
2   This canoe is for me.
3   That house belongs to us (two).
4   Give me their (two) book.
5   That work is for us (you two and me).
6   Those are their (plural) spears.
7   That is her dog.
8   That (over there) is your (sing.) dog.
9   Is that your (sing.) hat?
10 This canoe belongs to us (them and me).
11 Fetch your (plural) cow.
12 These are our (their and my) clothes.

Nominal Prefix

1. The particle 'a' is used before the names of persons or months, and the pronouns wai and mea:

(a) When they stand as subject in a sentence, eg:

He rangatira nui *a* Tamati Waka Nēnē.	Tamati Waka Nēnē was a great chief.
Tino wera *a* Pēpuere.	February is very hot.
Ki *a* wai tēnei?	Who is this to?

(b) When they are repeated by way of explanation, eg:

Ka hoki taua tangata, *a* Hongi.	When that man, Hongi, returned.

(c) When they follow any of the prepositions ki, i, hei, kei, eg:

Hoatu te tao *ki a* Turi.	Give the spear to Turi.
I a wai te tao a Turi?	Who had Turi's spear?
Kei a wai te pukapuka?	Who has the book?
Hei a au koe noho ai.	Abide with me.

2. It is used with personal pronouns except 'ahau':

(a) When they follow the prepositions ki, i, hei, kei, eg:

Ka nui taku aroha *ki a* koe.	My love for you is very great.
I a ia te pukapuka.	He had the book.
Kei a mātou ngā waka.	We have the canoes.
Hei a rātou ngā tāngata mō te mahi.	They will be the men for the work.

(b) When they are repeated by way of explanation, eg:

He pukapuka ēnei *ki a* ia, *ki a* au, *ki a* rātou.	These are the books to (for) him, for me, for them.

Note: The phrase *ki a au* is always written as such, though in conversation the two like vowels form one sound.

3. It is used with the name of a place or local noun, *only* when it stands as subject in a sentence, or is repeated by way of explanation, eg:

He taone *a* Pōneke.	Wellington is a town.
A hea? *A* Pōneke.	Which? (place) Wellington.
Ka ua *a* runga.	It is raining up above.

7

Simple Prepositions

Scarcely any other part of Māori is more worthy
of attention than the prepositions. In no other language is
their power so extensive. Apart from their common
function as ordinary prepositions, they serve to express
those relations which in some languages are usually
denoted by the different endings of the nouns. They extend
their influence still further, and are, in many instances,
used to determine the *time* of the sentence in which they
are placed.

Prepositions can be divided into simple and complex.
This chapter looks at the simple ones.

a: of, belonging to

Te pukapuka *a* Hine	The book of Hine.

ā: at, future time

Ā hea koe ka tae mai	What time will you arrive?

ā: until

E noho *ā* pō noa	Remain until night time.

ā: after the manner of

Haere *ā* maia	Go after the manner of a brave.

o: of, belonging to

Te kāinga *o* Turi	The home of Turi.

o: from, of place or time, denoting starting point

Ngā tāngata *o* Rio	The men of Rio.

nā: of, belonging to

Nā Turi tēnei tao	This spear belongs to Turi.

nā: by, by means of

Nā tēnei ka ora ia	By this he became well.

nā: by, emphasis on agent

Nā Hama tēnei mahi	This is Hama's work.

nō: of, belonging to	
Nō rātou tēnei whare	This is their house.
nō: from, of place	
Nō Tauranga rātou	They are from Tauranga.
nō: from, at, time past	
Nō nanahi rātou ka haere	They went yesterday.
mā: for	
Mā Turi tēnei	This is for Turi.
mā: by means of	
Mā te kaha ka ora	By strength survive.
mā: by, through	
Mā tēnei ara	By this road.
mā: by, emphasis on agent	
Mā Turi te pōwhiri	Turi will give the welcome.
mō: at, on, future	
Mō āpōpō ka haere	Go tomorrow.
mō: for	
Mō Hine tēnei pōtae	This hat is for Hine.
mō: about	
Mō tēnei take	For this reason.
rā: through, direction	
Haere *rā* Tīrau	Go by way of Tīrau.
e: by, agent, only after passive verbs	
I karangatia ahau *e* Hamo	I was called by Hamo.
i: by, with	
Kua pau ngā kai i *a* Rupe	The food has been consumed by Rupe.
i: by reason of	
Kāhore ia e haere *i* te wehi	He will not go by reason of his fear.
i: denoting past tense	
I haere atu ia	He went.
i: from (motion)	
I haere mai ia i Paihia	He came from Paihia.
i: at the time of	
I tōna haerenga	At the time of his going.

i: in possession of
I a ia te pukapuka (past)   The book was in his
                                                         possession.

i: in company with
I haere tahi au *i* a ia   I went with him.
       i: at, in, on
I reira mātou   We were at that place.
I roto mātou   We were inside.
I runga mātou   We were on top.
       i: in comparison of
Pai ake tēnei *i* tēnā   This is better than that.
       kei: at
Kei Tīrau ia   He is at Tīrau.
       kei: in possession
Kei a rātou te waka   They have the canoe.
       kei: in state of
Kei te pai ia   He is well.
Kei te mahi ia   He is working.
       hei: at, on
Hei konei koutou   You will remain here.
       hei: for, to serve as, to be
Haere *hei* kaiārahi   Go as a leader.
       me: with
Haere *me* ia   Go with him.
       me: in addition
Tēnei *me* tēnā   This and that.
       me: and, too
Me koe   And you.
       ki: to, of place
Haere *ki* Tauranga   Go to Tauranga.
       ki: towards
Titiro *ki* Ruapehu   Look towards Ruapehu.
       ki: with
Patua *ki* te rākau   Strike with the stick.
       ki: against
I whawhai ia *ki* te hoariri   He fought against the enemy.

ki: according to

Ki a ia, he pai tēnei   According to him, this is
                                          good.

whaka: towards

Haere *whaka*mua   Go forward.
Titiro *whaka*runga   Look upwards.

8

Complex Prepositions

Series 1

Ki runga ki: on top of
Mauria *ki runga* ki te maunga.
Take it to the top of the mountain.

Ko runga ko: to the top of
E haere ana ahau *ko runga* te maunga.
I am going to the top of the mountain.

I runga i: on the top of (past)
I runga i te whare te pōtae.
The hat was on top of the house.

Kei runga kei: on top of (present)
Kei runga kei te maunga ngā kūmara.
The kūmara are on top of the mountain.

Hei runga hei: on the top of (future)
Hei runga hei te tēpu ngā kai.
Put the food on the table.

Nō runga nō: from upon
Nō runga nō te rākau te manu.
The bird from the top of the tree.

Mō runga mō: for the top of
Mō runga mō te whare tēnei whakapaipai.
This decoration is for the top of the house.

Mā runga mā: over the top (direction)
Mā runga mā te maunga te ara.
The road is over the mountain.

Series 2

ki runga i:
i runga i:
kei runga i: } above the, implying over.
hei runga i:

nō runga i: from above, belonging to that place.
i runga i: from above, implying motion from.
mō runga i: for above, to be above.
mā runga i: by above, over. (direction)
ko runga i: to above, over.

In the second series, 'o' may be substituted for 'i', after the local noun, in which case the construction will be regular, eg:

Kei runga ake *i*   Above the mountain.
   te maunga.
Kei runga ake *o*   Above the mountain.
   te maunga.

It may be noted also that there is a certain amount of flexibility between Series 1 and 2, eg:

Mō runga *mō* te whare tēnei
   whakapaipai.   This decoration is for the top
Mō runga *i* te whare tēnei   of the house.
   whakapaipai.

Similar combinations are used with the local nouns raro (under, beneath, below), roto (in, into, inside), and waho (outside, from without). Mua (in front, before), and muri (behind, at the back of), are used only in Series 2, eg:

     Titiro ki ngā ngaru *i muri i* a koe.
     Look at the waves behind you.

Vocabulary

ā hea	what time, when	aroha	to love
		awa	river
āpōpō	tomorrow	haerenga	journey, the going (verbal noun)
ara	road, way		

hoariri	enemy	pau	be consumed
hoki mai	to return, come back	pō	night
		Pōneke	Wellington
		pōwhiri	to welcome
Hōne	John	puke	hill
hui	meeting	rangatira	chief
ingoa	name	rapu	to seek
kaha	strong	reira	there, that place
kāhore	no, not		
kaiārahi	leader	tae mai	to arrive
kāinga	home, place	tahi	beside, together
ka nui	very great		
karanga	to call	take	reason
kite, kitea	to see (active and pass.)	tamariki	children
konei	here	tangi	to weep, mourn lament
kōwhatu	stone		
māia	brave, warrior	tēpu	table
manawanui	persevering	tima	steamer
manu	bird	titiro	to look
matua	parent, father		
maunga	mountain		
mauria	to bring (passive)	toa	brave (adj.)
		ua	rain
nanahi	yesterday	wahine	woman
		wehi	afraid, fear
noa	until	wera	hot
noho	to stay, sit	whakapaipai	decoration
ora	well		
patu	weapon	whanaunga	relation
patu, patua	to strike (active and pass.)	whawhai	to fight

Exercise 8.1

Translate the following:

1 Ngā tāngata o Rotorua.
2 Nō Turi ēnei mātua.
3 Hoatu ngā heihei mā rātou.
4 Haere tātou rā Tauranga.
5 I a wai te tao a Turi?
6 Kei a wai te pōtae o Hine?
7 Ko Tauranga te tangi.
8 Ngā tāngata i roto i te whare.
9 I runga i te tima iti.
10 Nō tōna tungāne.
11 Ki te tuakana o Manaia.
12 Nā Turi ēnei tamariki.
13 Tino ora ngā tamariki a Rupe.
14 Mō tēnei wahine tērā pōtae hou.
15 I kitea e Hone te tao.
16 I a Hone.
17 Kei Rotorua te hui.
18 Haere tātou ki Rotorua rā Tīrau.
19 Nō Tauranga me Maketū ēnei waka.
20 Kei runga o te puke ngā tamariki.
21 He kōwhatu nō roto i te awa.
22 Hoatu he pukapuka mā te teina o te wahine a Hōne.

 Exercise 8.2

Put the following into Māori:

1 Whose sheep are these?
2 For him and me.
3 To you and me.
4 A house belonging to me.
5 Give me your book.
6 That is Turi's work.
7 Bring a stone from the river.
8 They belong to the man from Tauranga.
9 The name of that good man is Purei.
10 From whose house?
11 To his parents.
12 On top of the house.
13 We were inside the house.

14   The sheep on top of the
hill are for John.

Conversation

Tēnā koutou?	How do you do? (all of you)
E pēhea ana kōrua?	How are you? (two of you)
Ka nui tō māua ora.	We are very well. (he and I)
Kia kaha, kia toa, kia manawanui.	Be brave, be strong, be persevering.
Ko wai tēnā?	Who is that?
Ko ahau e hoa.	It is me, friend.
Homai tōu pōtae.	Give me your hat.
Hoki mai.	Come back.
E pēhea ana te mahi?	How is the work?
Ka nui te tino pai.	Very good indeed.

9

The Specific Particle Ko

The specific particle ko is used when the predicate in a sentence is either:

1. A proper name, personal pronoun, local noun, or either of the interrogatives 'wai' or 'hea', eg:
(a) Proper name.
   Ko Turi tēnei tangata.   This man is Turi.
(b) Personal pronoun.
   Ko ia tērā.   That is he.
(c) Local noun.
   Ko reira mātou.   We will be there.
(d) Interrogative wai.
   Ko wai tēnei tangata?   Who is this man?
(e) Interrogative hea.
   Ko hea tēnā wāhi?   What is (the name of) this
                                    place?

2. A common noun with any of the definitives except 'he', eg:
(a) Ko te tangata tēnei.   This is the man.
(b) Ko ngā tamariki ēnei   These are the children of
      a Hine.   Hine.
(c) Ko tētahi tēnei o rātou.   This is one of them.
(d) Ko tēhea pukapuka?   Which book?

   Besides its use as a specific particle, ko has another meaning. It is:
   Local Noun Kō: that place over there.
(a) Haere ki *kō*.   Go to that place over
                                   there.
(b) Kei *kō* ngā tāngata.   The people are over there.

Plural Possessive Pronouns

With the demonstrative adjectives tēnei, tēnā, etc, we form
the plural by omitting the 't' from the beginning of the
word; so it is with the possessive personal pronouns. They
are as follows:

Singular	*Plural*
tāku or tōku	āku or ōku
tāu or tōu	āu or ōu
tāna or tōna	āna or ōna
Tāku tamaiti	Āku tamariki
My child	My children
tā māua or tō māua	ā māua or ō māua
tā tāua or tō tāua	ā taua or ō taua
tā kōrua or tō kōrua	ā kōrua or ō kōrua
tā rāua or tō rāua	ā rāua or ō rāua
Tō māua waka	Ō māua waka
Our canoe	Our canoes
tā mātou or tō mātou	ā mātou or ō mātou
tā tātou or tō tātou	ā tātou or ō tātou
tā koutou or tō koutou	ā koutou or ō koutou
tā rātou or tō rātou	ā rātou or ō rātou
Tō mātou whare	Ō mātou whare
Our house	Our houses

Interrogatives

Interrogatives in common use are:

He aha?	What (is)? applied to *things*, but not to persons.
He aha tērā manu i runga i te whare?	What is that bird on top of the house?
He tui tērā manu.	That bird is a tui.
Ko wai?	What (is)? applied to *persons*.

Ko wai tōu ingoa?	What is your name?
Ko Mārama tōku ingoa.	My name is Mārama.
Hei aha?	What for, for what purpose?
Hei aha te kete nei?	What is this basket for?
Hei mau i ngā kūmara.	To carry the kumaras in.
Kei hea?	Where is?
Kei hea a Hōne?	Where is John?
Kei Ākarana a Hōne.	John is at Auckland.
I hea?	Where was?
I hea te tangata inanahi?	Where was the man yesterday?
I Pōneke te tangata inanahi.	The man was at Wellington yesterday.
Mā?	For?
Mā wai ērā pukapuka?	For whom are those books?
Mā Wiremu ērā pukapuka.	Those books are for William.
Nō?	From?
Nō hea ēnei iwi?	Where are these people from?
Nō Rotorua ēnei iwi.	These people are from Rotorua.

It will be observed from the above sentences that the answer to a question is always commenced with the same preposition as that used in asking the question.

10

The Definitives

'Definitives' is the term used to signify those words which express the *force* of the nouns which they precede. They come under six headings as follows:

1. *The Articles*

Singular	Plural
he	not translated. a, some
te	ngā the
taua	aua that, those, the aforesaid

eg:

He whare	He wai mōku
A house	Some water for me
Te hōiho	Ngā waka
The horse	The canoes
Taua wahine	Aua tamariki
That woman (aforesaid)	Those children (aforesaid)

These are used only as adjuncts before a noun.

2. *Indefinite Pronouns*

Singular	Plural
tetahi one, a certain	ētahi some

eg:

He kai mā tētahi o rāua	Food for one of them
Ētahi tāngata	Some men

Always use tētahi after a preposition instead of he, eg:

He tangata	A man	Ki tētahi	To a man
		tangata	

3. *Demonstrative Adjectives*

Singular	Plural	
tēnei	ēnei	this, these
tēnā	ēnā	that, those (near you)

tērā	ērā	that, those (away from)
ia	–	that

eg:

Tēnei pōtae	This hat	Ēnei whare	These houses
Tēnā waka	That canoe	Ēnā kurī	Those dogs
Tērā ngeru	That cat	Ērā rākau	Those trees

Ngā kanohi o ia tamaiti   The eyes of each child.

As a rule ia is used distributively, meaning 'each'. In some cases both it and the noun it qualifies are repeated, eg:

Ia wahine, ia wahine   Each woman.

The words tēnei, tēnā, and tērā are sometimes split into two words eg:

Te whare *nei*   This house. (The house here)

Te wahine *rā*   That woman (over there).

4. *Interrogative Pronouns*

Singular	Plural	
tēhea	ēhea	which

eg:

Tēhea waka?   Ēhea rākau?

Which canoe?   Which trees?

5. *Possessive Pronouns*

Singular	Plural	
tāku or tōku	āku or ōku	my
tāu or tōu	āu or ōu	your (singular)
tāna or tōna	āna or ōna	his or her

Also, the corresponding duals and plurals:

Tōku whare	My house	Ōku whare	My houses
Tāna tao	His spear	Āna tao	His spears
Tā tāua tamaiti	Our child	Ā tāua tamariki	Our children
Tō mātou matua	Our parent	Ō mātou mātua	Our parents

Sometimes tō and ō are substituted for tōu and ōu, eg:

Tō matua	Your (singular) father.	Ō mātua	Your parents.

6. *The Possessives*

These are formed by using one of the particles, tā, tō, ā, ō, or the prepositions, nā, nō, mā, mō, with:

(a) A dual or plural personal pronoun, eg:

Tō mātou waka   Our canoe.

(b) A local noun, eg: Nō reira   From that place

(c) A proper noun, eg:

Mō Hōne   For John.

(d) A common noun, following any of the definitives except 'he', eg:

Te ingoa o te whare   The name of the house.

When a possessive follows a noun which is qualified by the indefinite article 'he', the preposition nā or nō is used.

When a possessive follows a noun which is qualified by any other definitive, the preposition 'a' or 'o' is used, eg:

He whare nō Turi   A house belonging to Turi.

Te waka o Hama   The canoe belonging to Hama.

The possessive particles tā and tō may take the form of an *article and preposition* thus:

Tā Turi kurī or *Te* kurī *a* Turi

The dog of Turi (Turi's dog)

Examples:

He tangata pai te tuakana o Hamo.
Hamo's elder brother is a good man.

Hoatu aua pukapuka mā tērā tamaiti.
Give those books for that child.

Homai tētahi mā tēnei, hoatu tētahi mā tērā.
Give one to this, give one to that.

Mōku tēnei whare, mōu tēnā.
This house is for me, that for you.

Ērā tāngata katoa nō Nukutawhiti.
All those men are from Nukutawhiti.

Ko tēhea o ēnei pōtae nō Hōri?
Which of these hats belongs to Hōri?

Ki tōku whakaaro he kāinga pai a Whakatāne.
To my thinking Whakatāne is a good place.

He pōtae hou tōu?	Is your hat new?
Tino pai tāna mahi.	His work is very good.
Nā ōna mātua tērā whare i hoatu mōna.	His parents gave that house for him.
Tā rāua tamaiti tēnei.	This is their child.
Tino pai tō rātou waka.	Their canoe is very good.
He rangatira taua tangata.	That (the aforesaid) man is a chief.

 Exercise 10.1

Translate the following:
1 Ko ia te tangata i haere mai i Tauranga.
2 Homai ngā pukapuka a te tamaiti nei.
3 Tīkina ētahi rākau mō tō koutou whare.
4 Ko tō rātou waka tēnā i haere mai ai i Hawaiki.
5 He tangata pai tērā mō te whaikōrero.
6 Nō tō mātou kāinga ēnei tamariki.
7 I haere mai ēnei tamariki i hea?
8 Ko ēhea rākau mā koutou?
9 Mauria mai aku tao ki konei.
10 Nā āu mahi pai i nui ai tōu ingoa.
11 Tino pai te tupu o āna rākau.
12 Tīkina ā rātou hipi.
13 Nā māua tēnei mahi.
14 Mā mātou ēnā rākau.

 Exercise 10.2

Put the following in Māori:
1 Give my spear to Turi.
2 Be strong in your work.
3 Give his love to the people of Tauranga.
4 Give my canoes for them. (dual)

5   Have you new clothes?
6   That is their (plural) house.
7   This house is ours.(dual)
8   Where is the land for us?
9   I gave my spears to her.
10   Give some food to this child.
11   This is their house. (dual)
12   These are their sheep. (plural)
13   That land is his and mine.
14   These hats are ours. (plural)
15   Give her your canoe. (dual)
16   Those are your children. (plural)

Vocabulary

katoa	all	tupu	to grow
kanohi	eye, face	whaikōrero	speech
kei hea	where	whakaaro	thought

11

The Adverbs Ai and Anō

Ai

There is no equivalent of this word in English, but it may be used in the following ways:

1   In relative clauses, where the relative in English is governed by a *verb* or *preposition,* eg:

Ngā tāngata ēnā i kite ai au.   Those are the men whom I saw.

2   In clauses expressing the reason why anything is done, eg;

He aha koe i whakapono ai?   Why did you believe?

3   In clauses marking the time of action, eg:

Āhea koe haere ai?   When will you go?

4   Denoting present condition or habitual action, eg:

Haere tonu ai mātou ā ao noa te rā.   We kept on going till daybreak.

Anō

This word also has various meanings, as follows:

1   Up to the time spoken of, still; yet, eg:

E ora mai nei anō.   Up to now, he is still alive.

2   Again, eg:

Haere mai anō.   Come again.

Kōrerotia anō.   Say it again.

3   Also, too (often used with hoki), eg:

He Kāriki rātou, me ahau anō hoki.   They are Greeks, and I (am) too.

4   Quite, exactly, eg:

Rite tonu anō ki a koe.   Exactly like you.

Kātahi anō koe ka haere mai ki a au.   Now for the first time you have come to me.

5   With personal pronouns, to accentuate *self,* eg:

Nāu ake anō tēnei?   Is this your very own?

6   With demonstratives, meaning 'same', eg:

Rite tonu anō tēnei ki   This is the same as that.
tēnā.

7   Indeed, eg:

E tika ana anō.   Indeed it is right.

He waka anō tōku.   Indeed I have a canoe.

8   Denoting admiration, eg:

Anō te pai anō te   How good and how
āhuareka.   amiable.

12

The Causative Prefix Whaka

The causative prefix whaka is added to nouns, adjectives, and verbs to signify 'make into' or 'cause to', eg:

whakatangi	cause to sound or lament
whakarongo	cause to hear, to inform
whakapaipai	make good (to beautify or decorate)

The Prefix Kai

If the prefix kai is added to a transitive verb, it signifies the agent, eg:

tiaki	to guard	kaitiaki	guardian, keeper
hoe	to paddle	kaihoe	paddler

Conjunctions

There are various translations of the conjunction 'and'. The following examples will show the different ways in which the word can be used.

Examples:

John and his father.	Hōne *me* tōna matua.
John and his friends.	Hōne *me* ōna hoa.
	or Hone *mā.*

The word mā is often used to express 'and his companions'.

John and his wife, Mary.   Hōne *me* tāna wahine, *me* Mēri.

In a case like this, it is the rule to repeat the *me* with each proper name mentioned.

John and Mary.   Hōne *rāua ko* Mēri.

This is a form frequently used when using the conjunction in connection with two or more persons.

Note: the word *me* is sometimes used to mean 'if', in which case it is simply an abbreviation of the word mehemea.

Me is also used to denote an imperative future, eg:

Me tino haere koe āpōpō.   You *must* go tomorrow.

In this sentence the word tino helps to accentuate the *'must'*.

Mea

This word has a variety of meanings. When used as a noun it means 'thing', eg:

He mea kino te noho i runga i te whenua   mākū.

It is a bad thing to sit on the damp ground.

When used as a verb it means 'do', 'deal with', 'cause', 'make', 'say', 'intend', 'wish', 'think', or to denote lapse of time. The meaning as a rule is readily understood when the context of the sentence is taken into account, eg:

Ka *mea* ngā tāngata ki a ia.   The men *said* to him.

Ngā *mea* katoa i *mea* ai ahau.   All the *things* I ever *did*.

The word also occurs in the following phrases:

i te mea	when
ki te mea	in that case, if
mehemea	if, if that were the case
me te mea	like
mō te mea	because
nō te mea	because
tā te mea	because
mea mā	such and such persons

Degrees of Comparison

These are expressed by the addition of the word *atu* for the comparative, and *rawa* for the superlative, eg:

Positive	*Comparative*	*Superlative*
pai	pai atu	pai rawa
good	better	best

Abstract Nouns

Abstract nouns of quality, etc., are formed by simply prefixing the original adjective with the articles, eg:

good	pai	goodness	te pai

Days of the Week

These have been taken from English, as the student will recognise, the word for Sunday excepted.

Mane	Monday	Paraire	Friday
Tūrei	Tuesday	Harerei	Saturday
Wenerei	Wednesday	Rātapu	Sunday
Tāite	Thursday		

Months

Hānuere	January	Hūrae	July
Pēpuere	February	Ākuhata	August
Maehe	March	Hepetema	September
Āperira	April	Oketopa	October
Mei	May	Noema	November
Hune	June	Tihema	December

The months of the year above are taken from English. They are slowly but surely being superseded by the traditional names below.

Kohi-tātea	January
Hui-tanguru	February
Poutū-te-rangi	March
Paenga-whāwhā	April
Haratua	May
Pipiri	June

Hōngongoi	July
Here-turi-kōkā	August
Mahuru	September
Whiringa-ā-nuku	October
Whiringa-ā-rangi	November
Hakihea	December

Letter Writing

In writing a letter, it is customary to address the person to whom the letter is sent by his/her full name, and also to sign your name in full. Greetings are often sent to the person's relations and family as well. The following is a simple example of an ordinary letter.

Ākarana
Tihema 12, 1992

Ki a Kūrepo Moananui,

Tēnā koe.
Tēnei tāu reta kua tae mai ki a au.
Ka nui tōku koa mō tou ora, ka nui hoki tōku ora. He māngere ahau ki te tuhituhi ki a koe.
Ka nui ēnei kōrero mō tēnei rā. Kia ora mai anō koe.

Nā tōu hoa.
Paikea te Rake.

Auckland
December 12, 1992

Dear Kūrepo Moananui,

Greetings.
Your letter to me has arrived. I am very glad you are well, I am very well too. I am lazy in writing to you.
This is all for today. Farewell to you.

From your friend,
Paikea te Rake.

13

Verbs

Māori does not have the wide range of tenses and moods that English has.

The verbs have two voices, active and passive, with the addition of the verbal noun. The passive and the verbal noun are formed by the addition of certain terminations to the active form, and often the context of the sentence will indicate the time or condition of the action, rather than a change in the form of the verb itself.

The passive terminations are:
-a, -ia, -hia, -kia, -mia, - ngia, -ria, -whia, -na, -ina, -rina, -whina.

The terminations for the verbal nouns are:
-nga, -anga, -hanga, - manga, -ranga, -tanga, -inga.

There is no set rule to indicate which endings are used to change the form of any given verb, but they will become familiar through usage. Always keep in mind that in this case, as in others, Māori pay much attention to euphony, and will therefore employ the most melodious-sounding word rather than follow a particular rule.

It will also be seen that the passive form is used extensively; for instance, where in English we would employ the active voice to denote an imperative, such as 'Go, call Turi and Hama', Māori would use the passive form, 'Haere, karanga*tia* a Turi rāua ko Hama'.

The following are some common verbs:

Verb	Active	Passive	Verbal noun
to lead	arahi	arahina	arahitanga
to love	aroha	arohaina	arohatanga
to follow	aru	arumia	arumanga

to go	haere	haerea	haerenga
to return	hoki	hokia	hokinga
to call	karanga	karangatia	karangatanga
to see	kite	kitea	kitenga
to bring	mau	mauria	mauranga
to fetch	tiki	tīkina	tikinga
to look	titiro	tirohia	tirohanga

Examples:

Ka ārahi ahau i a Hōne me ōna hoa.	I will lead John and his friends.
Haere, ārahina a Turi rāua ko Hama.	Go! Lead Turi and Hama.
Nā wai koe i ārahi?	Who led you?
Nā Turi ahau i ārahi.	I was led by Turi.
Ārahina ngā tāngata ki Rotorua.	Lead the people to Rotorua.
Te ārahitanga mai o Kupe i Hawaiki.	The leading here of Kupe from Hawaiki.

Tense

The tenses, though they may be indicated by the context of a sentence, are also signified by the use of certain auxiliary particles. It will be found that any given particle does not necessarily indicate one specific tense, as there is a certain amount of elasticity in their use, with the execption of the past indefinite and the future, which do not vary as a rule. Differences of person or number do not alter the form of the particles, which are as follows:

e   ana   kua   i   ka

Examples:

E kai ana ngā tāngata.	The people are eating.
Kua kai ngā tāngata.	The people have eaten.
E haere ana ngā tāngata inanahi.	The men were going yesterday (when something happened).

Kua huihui ngā tāngata inanahi.	The men had assembled yesterday. (not complete)
Āpōpō e huihui ana rātou.	Tomorrow they will be assembling.
Ka huihui rātou āpōpō.	They will assemble tomorrow.
I hoki mai rātou inanahi.	They came back yesterday.

It will be seen from the preceding examples that 'e...ana' implies continued action, whether for past, present, or future.

 Exercise 13.1

Translate the following into English:
1 Ngā hoa ēnei o Ripi rāua ko Hine.
2 Kua kōrerotia mai ki a au, ka tahuna tō tatou pā.
3 Hoea tō tatou waka.
4 Nā wai ērā rākau i hoatu mā Turi mā?
5 Kei hea te whare o Tāmati?
6 Ki tōku whakaaro, kei Tīrau, kei reira ōna mātua me tōna iwi.
7 I ora ai a Kahukaka, nō Ngapuhi ia.
8 He pāpaku tēnei wai, me pēhea tātou e ū ai ki uta?
9 Kua tīmata te ua.
10 Āpōpō mātou haere ai ki Paihia.
11 He tāngata kaha ngā kaihoe o te waka o Kupe.
12 Mehemea ki te tae mai he wahine ki te rapu i a au kōrero atu, kua haere au ki Tauranga.

 Exercise 13.2

Translate the following into Māori:
1 We must wait for our friends.
2 This bridge is better that that one.

3 This is the best of all the houses.
4 The swiftness of the canoes of Ripi and his friends.
5 Fetch some water for Hemi and Meri.
6 I have forgotten your name.
7 Where are you going?
8 On the arrival of the visitors, they will be welcomed.
9 He said to the woman, 'The sun is shining.'
10 Indeed we have a house.

Vocabulary

āhuareka	amiable, pleasant	rā	sun, day
ao	to become light, daytime	reta	letter
		rite	the same, like
		tahu	to burn, set alight
arawhata	bridge		
hoa	friend	tatari	to wait
hoe	to paddle (canoe)	tēnei rā	this day, today
hoki	also	tere	swift
huihui	to assemble	tiaki	to guard
iwi	tribe, people	tika	straight, right
Kariki	Greek	tīmata	to begin
kātahi	now, for the first time	tonu	continually, still
koa	joy	tuhituhi	to write
kōrero	to tell, say, speak	ū	to land
		uta	land, as opposed to water
mākū	damp		
māngere	lazy		
manuwhiri	visitor	wareware	be forgotten
me	and	whakapono	to believe
mehemea	if	whenua	land, ground
pā	village	whiti	to shine
pāpaku	shallow		
pēhea	in what way, how, of what sort		

14

Negatives

Although it is difficult to set down definite rules for using negatives, the following will serve as a guide to the use of the different forms. These are:

1. *Kāhore*. This word is used as:
(a) A negative answer to a direct question, eg:

E kai ana ngā tāngata?	*Kāhore!*
Are the people eating?	No!

(b) In the present tenses, as:

Kāhore ngā tāngata e kai ana.	The people are not eating.

(c) If the predicate in the corresponding affirmative sentence is a noun, adjective, or verb following the preposition 'kei' or 'i', make the negative by using 'i' only with kāhore, substituting it for kei where necessary, eg:

Kei a Hine te pōtae.	Hine has the hat.
Kāhore i a Hine te pōtae.	Hine has not the hat.
I a wai te waka? *Kāhore i* a au.	Who had the canoe? Not I.
Kāhore a Hōne *i roto i* te whare.	John is not in the house.

2. *Kaua* or *kauaka*. This is used as:
(a) Imperative, eg:

Kaua e karangatia a Hōne!	Do not call John!

(b) If the predicate in the corresponding affirmative sentence is a noun, adjective, or verb following the preposition hei. As:

Hei Rotorua te hui āpōpō.	The meeting is at Rotorua tomorrow.

Kaua (or *kauaka*) hei Rotorua te hui āpōpō.

The meeting is not at Rotorua tomorrow.

3. *E kore*. This is used chiefly to indicate:

(a) Future, eg:

E kore ahau e haere āpōpō.

I shall not go tomorrow.

(b) In process of, eg:

E kore ngā tāngata e haere āianei.

The men are not going today.

4. *Kīhai*. This word is used only in the *past*, with 'i', eg:

Kīhai ahau *i* kite i a Hōne.   I did not see John.

Kīhai ratou *i* haere mai ki konei.

They did not come here.

Note: *Kāhore* is sometimes substituted for *kīhai*, as:

Kāhore rātou *i* haere mai ki konei.

They did not come here.

5. *Ehara...i*. This word implies:

(a) Non-identity, eg:

Ehara i a au koe i karanga kia haere mai ki konei.

You were not called by me to come here.

(b) If the corresponding affirmative sentence begins with 'ko', the 'ko' is omitted in the negative, eg:

Ko Tangaroa tēnei.   This is Tangaroa.

Ehara tēnei *i* a Tangaroa.   This is not Tangaroa.

(c) If the predicate in the corresponding affirmative sentence is a common noun, adjective, or verb in the infinitive (ie, a verbal noun attended by an article or other definitive) with the indefinite article 'he', substitute 'te' for 'he', eg:

He kurī kino tēnei.   This is a bad dog.

Ehara tēnei *i te* kurī kino.   This is not a bad dog.

He pirau ēnei rākau.   These trees are rotten.

Ehara ēnei rākau *i te* pirau.

These trees are not rotten.

He tuahine ia nōku.   This is my sister.

Ehara ia *i te* tuahine nōku.   She is not my sister.

(d) If the predicate in the affirmative sentence is a noun, adjective, or verb following the preposition *nā* or *nō*, the preposition is omitted in the negative, eg:

Nō mātou tēnei waka.	This canoe belongs to us.
Ehara i a mātou tēnei waka.	This canoe does not belong to us.

6. *Ehara i te mea.* This form is used if the predicate in the corresponding affirmative sentence is a noun, adjective, or verb following the preposition *mā* or *mō*, the preposition being retained, eg:

Mā Rupe tēnei tao.	This spear is for Rupe.
Ehara i te mea mā Rupe tēnei tao.	This spear is not for Rupe.

15

Numbers

The cardinal numbers are:

1	tahi	11	tekau mā tahi	30	toru tekau
2	rua	12	tekau mā rua	40	whā tekau
3	toru	13	tekau mā toru	50	rima tekau
4	whā	14	tekau mā whā	60	ono tekau
5	rima	15	tekau mā rima	70	whitu tekau
6	ono	16	tekau mā ono	80	waru tekau
7	whitu	17	tekau mā whitu	90	iwa tekau
8	waru	18	tekau mā waru	100	kotahi rau
9	iwa	19	tekau mā iwa	200	e rua rau
10	tekau	20	rua tekau	1,000	kotahi mano

21	rua tekau mā tahi	76	whitu tekau mā ono
32	toru tekau mā rua	87	waru tekau mā whitu
43	whā tekau mā toru	98	iwa tekau mā waru
54	rima tekau mā whā	109	kotahi rau mā iwa
65	ono tekau mā rima	210	e rua rau tekau

1,120 kotahi mano kotahi rau e rua tekau
1,231 kotahi mano e rua rau e toru tekau mā tahi
1,342 kotahi mano e toru rau e whā tekau mā rua
2,453 e rua mano e whā rau e rima tekau mā toru
3,564 e toru mano e rima rau e ono tekau mā whā
1,001 kotahi mano mā tahi

When counting, the numerals are preceded by 'ka', eg:
Ka hia?   How many?   Ka rua.   Two.

If used immediately before a noun, 'kotahi' stands for 'one', and all the other numbers from 2 to 9 are prefixed by 'e', eg:

He whare kotahi   One house.
Ngā whare e rua   The two houses.

This form is used when speaking of things inanimate, or animals.

When persons are referred to, the prefix 'toko' is used in place of 'e' in numbers up to 9, eg:

Tokohia rātou?   How many of them?
Tokowhitu.   Seven.
Ngā wāhine tokotoru.   The three women.
Ngā tamariki tokoiwa.   The nine children.

When a question is asked indicating a specific number, use 'kia'.

Tīkina ētahi kōwhatu, kia   Fetch eight stones.
   waru.
Kia hia?   How many?
Kia waru.   Eight.

When groups are indicated, the prefix 'taki' to the simple numeral is used, eg:

Takiono i te haerenga mai.   They came six at a time.

This may also be used distributively, eg:

takitahi.   singly.

The ordinals are expressed by the simple numeral prefixed by 'te' unless they are used as adjectives in immediate connection with a noun, in which case the prefix 'tua' is used with numbers one to nine only, eg:

Te hia?   Which in order?
Te toru.   The third.
Te tekau o ngā whare.   The tenth house. (The
                            tenth of the houses.)

Te wahine tuatahi.   The first woman.

 **Exercise 15.1**

Translate the following:
1 This is not John.   3 Those trees are not his.
2 This is not a good book.   4 The ground is not damp.

5 We will not go today.
6 The children are not going today.
7 The priest is not in the house.
8 He did not ask me twice.
9 How many men are coming?
10 How many books has he?
11 They did not go singly, they went three at a time.
12 That is not Kupe's dog.
13 He is not my father.
14 That house is not for you.
15 John did not have a coat.
16 They did not bring a horse.
17 We will not return tomorrow.
18 Do not tell them.
19 I have not seen the three dogs.
20 Nine men are coming from Tirau.
21 He has twenty books, and his sister has thirty-two.
22 He will not come from the fourth house, he will come from the seventh.

E Exercise 15.2

Translate the following:
1 Ehara tēnei i a Rupe.
2 Kaua hei Tauranga te tangi i tēnei rā.
3 Ehara tēnā i a ia.
4 Kāhore ngā tāngata i huihui inanahi.
5 Ehara ia i te teina nōu.
6 Kāhore rātou i hoki mai.
7 Kaua e kaha te karanga.
8 Kīhai i rua aku ārahitanga i a ia.
9 Te hiā? Te toru tekau.
10 He tokomaha mātou. Tokohia? Tokowhitu.
11 Tīkina ētahi waka, kia toru. Kia hia? Kia toru.
12 Ehara tēnā i te waka o Hine.
13 Kāhore i a Ripi te hū.
14 Ehara tērā i te rākau pai.
15 E kore ahau e ārahi i a Ripi.
16 Ehara i a rātou ēnā kūmara.
17 Ehara i te mea mā Hōne ēnā kurī.
18 Kāhore anō ngā wāhine kia kai.
19 Kaua e ārahina a Hōne rāua ko Mēri.
20 Ka hia? Ka rua, ka whā, ka ono.

21 I kitea e tāua ētahi kurī.   22 E kore ahau e mōhio.
 E hia? E waru.

Vocabulary

āianei	now, today, presently
pirau	rotten
tohunga	priest
tokomaha	many

16

Sentence Construction

As in all languages, the Māori language has its own modes of expression, and ways of constructing sentences which will be learned only as the student gains experience in Māori conversation and becomes familiar with the language.

The following points will be of help at this stage.

1. As there is no verb 'to be', the context of the sentence will indicate its meaning, eg:

Ko ia te wahine i haere mai i Kaitāia.

She *is* the woman who came from Kaitāia.

He tangata pai tērā.

A man   good that   That *is* a good man.

2. The same applies with the English verb 'to have', which has no Māori equivalent, and is expressed by the possessive pronoun, or one of the prepositions, kei, hei, or i, eg:

He whare tōna.	He has a house. (A house his)
Mōu tēnei.	You have this. (For you this)
Kei a Turi te pōtae.	Turi has the hat. (Present tense)
Hei a Hōne te whare.	John is to have the house. (Future)
I a Hēnare ngā kurī.	Henry had the dogs. (Past)

3. When a question is asked, the interrogative will be expressed by the inflection of the voice rather than the changing of the order of the words, eg:

He ika tēnei   This is a fish.

He ika tēnei?   Is this is a fish?

(This applies to sentences which are not governed by one of the interrogatives 'wai', 'tehea', 'he aha', etc.)

4. With few exceptions, *adverbs* come *after* the words they qualify. 'Tino' ('very') is an exception in common use.

Adjectives always stand *after* the nouns they qualify.

5. In narrative, the particle 'ka' is frequently used regardless of tense, to denote change of action, eg:

The man came to Auckland, then he went to Wellington, then he went to Manawatū, and saw his parents there.

I haere te tangata ki Ākarana, ka haere ia ki Pōneke, ka haere ia ki Manawatū, ka kite ia i ōna mātua i reira.

The short passages which follow are a guide to the manner in which sentences are constructed. The literal translation is given first, and then the 'free' translation, putting the passages into correct English.

Passages For Study

Te Inoi a te Ariki
The Lord's Prayer

E tō mātou Matua i te rangi, kia tapu tōu ingoa. Kia
O our Father in the heaven, let be holy thy name. Let

tae mai tōu rangatiratanga. Kia meatia tāu e pai ai
come thy kingdom (chieftainship). Let be done thy will

ki runga ki te whenua, kia rite anō ki tō te
on to (upon) the earth, let it be the same accord with that

rangi. Homai ki a mātou āianei he taro mā mātou
of the heaven. Give to us now some bread for us

mō tēnei rā. Murua ō mātou hara me mātou hoki e muru
 nei
for this day. Blot out our sins as we also blot out those

i ō te hunga e hara ana ki a mātou. Aua hoki mātou
of the people who sin to (or against) us. Not also us

e kawea kia whakawaia, engari whakaorangia mātou i te
    kino.
be taken to be tempted, but deliver us from the evil.

Nōu hoki te rangatiratanga, te kaha, me te korōria,
Thine also the kingdom, the power, and the glory,

Ake, Ake, Ake, Āmine.
Ever, Ever, Ever, Amen.

Our Father which art in heaven, hallowed be thy name. Thy
kingdom come, they will be done on earth as it is in
heaven. Give us this day our daily bread, and forgive us our
trespasses as we forgive them that trespass against us. And
lead us not into temptation, but deliver us from evil, for
thine is the kingdom, the power, and the glory, for ever and
ever, Amen.

I mua noa atu i tū ngā whare o ngā Māori ki runga i
A long time ago stood the houses of the Māori on top of

ngā maunga. I nāianei ko ngā whare me ngā māra ki ngā
the mountains. Now the houses and the gardens at the

mānia me te taha moana. He mea pai te whakatū i ngā
    whare
plains and the side sea. A thing good the standing of the
    houses

ki ngā wāhi tiketike, he takoto tonu nō te wai ki ngā wāhi
to the places high, a lying always of the water to the places

mānia. Ahakoa maroke te oneone ki te titiro iho, kei raro
plain. Although dry the ground to the looking upon,
    underneath

tonu iho te wai. Mehemea ka keria e koe he poka ki tētahi
always the water. If (is) dug by you a hole in some

wahi mānia, ahakoa i te raumati, e kore e roa ka kī i
place plain, although in the summer, not long (will) full of

te wai. He mea kino te noho i runga i te whenua mākū, ka
the water. A thing bad the sitting upon the ground damp,
  will

pā he mate ki te tangata.
tough a death to the person.

A long time ago the Māori houses stood on top of the
mountains. Now the houses and the gardens are on the
plains and beside the sea. It is a good thing to stand the
houses on the high places, (because) there is always water
lying on the plains. Although the ground appears dry,
underneath there is always water. If you dig a hole in some
part of the plain, even if it is summer, before long it will be
full of water. It is a bad thing to sit on the damp ground, it
may cause a person's death.

  Note: the word 'iho' in the above passage means 'from
above, downwards' when used with 'titiro'; with 'raro' the
meaning is 'lower down', 'below', or 'underneath'. It is also
sometimes used with 'muri', in which case the meaning is
'shortly afterwards.'

 Exercise 16

Translate the following:
Tētahi tupuna nō mua ko Toi tōna ingoa, i haere ki te rapu
i tāna mokopuna i a Tūrāhui, i ngaro ki waho i te moana.
Ka karanga a Toi ki āna tāngata kia huihui mai, ā, ka
kōrero:
  'E te iwi, whakarongo mai, kua ngaro taku tamaiti a
Whatonga me taku mokopuna me Tūrāhui, hāere tatou ki
te tonga ki te rapu i a rāua. Ka nui taku aroha ki taku
mokopuna, mahia nga waka kia kaha mō te haere i te
moana nui.' Ka mutu tāna kōrero, ka pātai ia ki te iwi, 'E
pēhea ana koutou ki tēnei kōrero?'

Ka karanga te iwi, 'Āe, haere tātou.'

E toru rau tō ratou tokomaha, ngā tane me ngā wāhine, kāhore he tamariki. I tīmata mai tā rātou haere i Hawaiki, ka tae mai ki Rarotonga, ki Pangopango, ki Hāmoa. Ko tāna whaikōrero tēnei i Rarotonga:

'Mehemea ki te tae mai he tangata ki te rapu i a au, kōrero atu, kua haere au ki Aotea ki te rapu i aku tamariki, ki te kore au e tae ki reira, kei raro au i te moana.'

He roa te wa i haere ai ratou, ā, ka tae mai ki Tāmaki.

Vocabulary

ae	Yes
ahakoa	although
ake, ake, ake	forever
āmine	amen
engari	but
hara	sin
hunga	company of people
ka nui	very great
kawe, kawea	to bring, convey
korōria	glory
kī	full
māra	garden
mahia	to work at, get ready
mānia	plain
mate	dead, death
moana	sea
mokopuna	grandchild
mua	before
muru	to blot out, wipe out, forgive
mutu	be finished
nāianei	now, at the present time
pā	to touch
pātai	to ask
rangatiratanga	chieftainship

rangi	sky, heaven
raro	underneath
raumati	summer
roa	long
taha	side
takoto	to lie down
tāne	man, male, husband
tapu	holy, sacred
taro	bread (not in common use)
tiketike	high
tonga	south
tū	stand
wā	time, interval
wāhi	place
waho	out, the open sea, away from land
whakaorangia (from ora)	to deliver, 'make safe'
whakarongo	to listen, attend
whakawai	to entice
whakawaia	to beguile, tempt

17

He tino rangatira nui a Tāmati Waka Nēnē nō Ngāpuhi. He hoa pai nō ngā Pākehā tae noa ki te rā i mate ai ia. I whakanuia ia e ngā iwi e rua, e ngā Māori me ngā Pākehā. Ētahi kōrero pai mōna nā te Pāremata o Ingarangi. I te whawhai ki a Hone Heke i te tau kotahi mano e waru rau e whā tekau mā rima, i te taha ia o ngā Pākehā. Mō tāna āwhina i ngā Pākehā, ka homai e te kāwanatanga he penihana mōna, £100 i te tau.

Ko Tāmati Waka Nēnē, he tama nā Tapua, he rangatira nō Ngāitiaho o Hokianga. I a ia e tamariki ana, i haere tahi ia me ngā ope whawhai o tōna iwi. Ko Patuone, he tuakana nōna. Ēnei tāngata tokorua he tino hoa pai nō ngā Pākehā.

Ngā tūpuna o Nēnē, ko Nukutawhiti rāua ko Ruanui. Ko tō rātou waka i haere mai ai i Hawaiki ko Māmari. He tikanga tā te Māori, ki te whānau mai he tamaiti tāne, ka takaia tōna tinana ki te rau karamū i te wā e iriiria ana e te tohunga, ka tangohia tētahi wahi o taua karamū, ka whakatōngia ki te whenua. Ki te tupu, he toa taua tamaiti. E kīia ana i pērā te whānautanga o Nēnē.

Ka tupu haere ake a Nēnē, ka kitea kua tika ngā kōrero mōna i te wā i iriiria ai ia. Ko ia tētahi o ngā rangatira i haere tahi me Hongi Hika i te patunga o ngā iwi o Hauraki me te tangohanga o tō ratou pā, o Tōtara. I muri mai ka haere a Nēnē me tētahi wāhanga o Ngāpuhi ki te whawhai ki ngā iwi o Taranaki, ka mate ngā iwi o reira i a ia, ko ngā mea i riro herehere i mauria e rātou hei pononga.

Otirā i haere tahi anō hoki ia me Te Rauparaha ki Kapiti ki te patu haere i ērā iwi. Tēnei tētahi kōrero nā Tiati Wirihana mō Nēnē i muri tata mai i te kōhurutanga o nga hēramana o te 'Hawes' i Whakatāne i te tau kotahi

mano e waru rau e rua tekau mā iwa, e tētahi tangata ko
Ngārara me ōna hoa. Kotahi o rātou nō Ngāpuhi i haere
noa atu ki Whakatāne kia kite i tērā whenua, engari ko
tōna kāinga tūturu kei Maungatapu i Tauranga, nō reira
hoki tāna wahine. Te hokinga atu o te tangata nei i
Whakatāne ki Maungatapu, i reira a Nēnē. Ka tīmata a
Nēnē ki te whaikorero ki te tangata rā me te tūpeke anō
hoki. Ko āna korero ēnei: 'E patu Pākehā ana rānei a
Ngāpuhi? He aha koe i haere mai ai ki konei patu Pākehā
ai? He aha te hara o te Pākehā ki a koe? Tēnei tāu!' Ka
whakatika ia i tāna pū, ka pūhia tērā, ka mate.

Vocabulary

āwhina	to help
hēramana	sailorman
herehere	captive
hokinga	returning (v.n.)
Ingarangi	England
iriiri	to baptise
karamū	a tree (*Coprosma* sp.)
kāwanatanga	government
kī, kiia	to say
kōhurutanga	murder (v.n.)
ope	troop, fighting force
otirā	at the same time
Pāremata	Parliament
patunga	beating
penihana	pension
pērā	like that
pū	rifle
pupuhi, pūhia	to shoot
rau	leaves
riro	taken, carried away
takai, takaia	to wrap
tama	son
tangohia, tangohanga	taken, taking
tau	year

tikanga	custom
tinana	body
tūpeke	to jump about
tūturu	permanent
wāhanga	division
whakanuia	made great
whakatika	made straight
whakatōngia	planted
whānau	be born
whānautanga	birth
Tiati Wirihana	Judge Wilson
i haere noa atu	went casually
i muri tata mai	immediately afterwards

18

'Nō hea enei tangata, nō Rotorua?'
  'Kāhore, ehara rātou i Rotorua, engari nō
  Tauranga.'
'Nā wai rātou i karanga kia haere mai ki konei?'
  'E kore ahau e mōhio, nā tō rātou rangatira pea.'
'Tokohia rātou i haere mai?'
  'Aua, e rua tekau pea.'
'Ko wai tō rātou rangatira?'
  'Ko Tītore, nō Whakatāne tērā tangata, he rangatira nō
  te hapu o te Whānau-a-Apanui, he tangata pai hoki,
  aroha ki tōna iwi.'
'He aha te pūtake o tā rātou haere mai?'
  'E kore ahau e mōhio, engari ki tōku whakaaro, e haere
  mai ana rātou ki te mau mai i ngā tamariki a Tītore ki
  konei noho tūturu ai.'
'He mea pai tēnā mō tātou katoa.'
  'Karangatia ngā manuwhiri ki te kai, kia mutu, ka
  kōrero ai tātou.'
'Kei hea ā tātou tamariki hei pōwhiri, tīkina atu rātou ki
konei.'
  Te pōwhiri tuatahi nā Te Ikaroa, ko āna kōrero ēnei:
  'Haere mai, haere mai, haere mai! Haere mai e te
manuwhiri tūārangi, ka nui tō mātou hari kua tae mai
koutou. Mauria mai te aroha me te maungārongo. Tēnā
koutou i ngā wairua o te hunga kua moe. Mauria mai ā
tātou tamariki ki konei noho tūturu ai, hei tohu mō te
maungārongo me te rangimārie. Kua mutu i nāianei ngā
pakanga i waenganui i nga iwi Māori, nā te Rongo Pai i
whakamutu. Kei konei ō koutou hoa, ō koutou
whanaunga, kaua e wehi ki te kōrero i ō koutou whakaaro,

kei a koutou pea ngā take e puta mai ai he painga mō tātou katoa, nā reira, haere mai, haere mai, haere mai. Tēnā rā koutou.'

I konei, ka whakatika atu ngā manuwhiri, ka waiata, ka haka. Ka mutu, ka tū atu tō ratou rangatira a Tītore ki te whaikōrero:

'E te iwi, e te marae nei, karanga mai ki a mātou kua tae mai nei. Tēnā koutou! Tēnei matou te haere mai nei ki te mau mai i te aroha i te rangimārie. Tēnā koutou i ō tatou aituā.'

I konei ka tīmata a Tītore ki tana pātere ka hopu ake tana iwi, ka pai te whakarongo a te tangata whenua. Ka mutu, ka haere katoa rātou ki roto ki te whare.

Vocabulary

aituā	accident or death
aua	I don't know
haere mai!	greetings!
haka	dance
hapū	sub-tribe
hari	joy
hopu	to catch, seize
marae	courtyard or meeting place for the tribe
maungārongo	peace treaty
moe	sleep
mōhio	to know
nā reira	therefore
nei	here
painga	goodness or benefit
pakanga	war
pātere	chant
pea	perhaps
pūtake	subject matter, solution
puta mai	come out of
rangimārie	calm
Rongo Pai	Gospel

tangata whenua   local people
tohu   preserve
tūārangi   lordly, highly respected
waenganui   between
waiata   song
wairua   spirit
whakarongo   to inform, cause to hear

Tēnā rā koutou: a special form of greeting to respected or highly esteemed pesons.

Tēnā koutou i ō tātou aitua: greetings in remembrance of our dead.

19

A long time ago the ancestors of the Māori came to New Zealand from Hawaiki. They sailed across the sea in strong canoes. For many years they journeyed from one island to another in the great ocean, sometimes building villages and making homes in these places. But always there were great chiefs who travelled further, followed by their tribes. At last a large number set forth in strong, well-built canoes, and came to this land where they decided to stay permanently. Here they lived, each tribe in its own part of the country, for many hundreds of years, until the white man came. All Māori of rank can trace their descent from the original canoe in which their ancestors came.

Vocabulary

haere tawhiti	to travel far
hanga	to build
kiri mā	white skin
mārōrō	strong
motu, moutere	island
nō muri	at last
rere haere	to journey (on the sea)
rere mai	to sail
whai i muri	follow after
whakapapa	family tree (genealogical table)

 Exercise 19.2

The old time Māori lived in villages which were usually built on a hill. They were a war-like people, and would often raid villages of other tribes. The young men of the tribes were trained to be good warriors, and they were also taught the tribal history by their chiefs. Each day they were given work and exercises which would develop their minds and bodies, and they grew to be magnificent men. The life of the village was well ordered, and a high standard of culture and intellect was attained by the people through the system of education. Their descendants of today still possess the qualities which made their ancestors a noble people. In the past they were a worthy and brave foe of the white man, now they are sincere and worthy friends.

Vocabulary

ako, whakaako	to teach, train
mārohirohi	strong efficient
mātauranga	mind, intellect
taitamariki	young men
tikanga rangatira	noble (princely ways)
toa ki te whawhai	warlike
uri	descendant

Ka piki haere tonu te mōhio.   The knowledge gradually increased.

(A high standard of culture and intellect was attained.)

 Exercise 19.3

Samuel Marsden preached his first sermon in New Zealand on Christmas Day, 1814, at Ōihi, Bay of Islands. A monument now stands at the place where the service was held.

Samuel Marsden was greeted upon his arrival by the chiefs Korokoro, Ruatara, and Hongi, who were waiting with their people at the place which had been prepared for the service. The Māori, led by their chiefs, assembled quietly behind the white people.

The service began with the singing of the 100th Psalm, and the preacher spoke on the words from Luke, Chapter 2, verse 10, 'I bring you good tidings of great joy'.

Some of the Māori did not understand Marsden's words, and Ruatara, who had travelled to England and understood the language, said he would translate it to them afterwards.

It was a joyful experience for the white people who were there, to witness this gathering of Māori people, eager to learn the news of the Gospel.

Vocabulary

Aotearoa	New Zealand
Hāmuera Mātenga	Samuel Marsden
hihiko	eager
karakia	service
kauwhau	sermon
Kirihimete	Christmas
Pēwhairangi	Bay of Islands
rārangi	text, verse
reo	language
Ruka	Luke
ūpoko	chapter, head
whakamaharatanga	memorial
whakamāori	to translate into Māori

20

Additional Passages for Translation

English into Māori

 Exercise 20.1: Muru

In the old times, when the white man first came to this
country, the Māori had a certain custom called muru. If a
child fell into the fire, or got badly hurt, all the relations
and friends of the father of the child would go to his
dwellings and rob him of his property. The father would not
be angry at this, but he would be sorry if he was not robbed
by his friends. The reason for this custom is not known. It
is said by some that muru was a punishment for a man's
carelessness.

 Exercise 20.2: The cat and the mice

Every day one mouse was being killed and eaten by the cat,
until the mice were very distressed. A great meeting of
mice was called. After much talk all agreed that they
should find a way to warn them when the cat was coming.
One young mouse suggested fastening a bell to the cat's
neck. A committee was chosen to do the work, but until
now they have not found any mouse willing to undertake it.

Exercise 20.3: Kind assistance

A Custom's Officer one day saw a man slowly walking along a path by the seashore, carrying a small barrel on his back. It seemed as if the man was trying to keep out of the Officer's sight. This made the Officer think that the barrel contained spirits, and that the man had not paid duty on them. The Officer went up and asked him what was in the barrel. 'Brandy,' replied the man. The Officer said, 'Then you must come with me to the Custom-house,' and he took the barrel from the man and carried it on his own back. When they had travelled three miles, they came to a crossroad. Here the man said to the Officer, 'You may now give me my barrel. This is my house standing over there.' The Officer said, 'But you must come with me, so that I can find out whether the duty has been paid or not.' The man replied, 'That is too far for me to walk, but I have the receipt for the duty here.' He took the receipt out of his pocket, and showed it to the Officer. The Officer looked at it and said, 'Yes, this is quite correct, but why did you not show it to me before?' The man replied, 'Because if I had done that, you would not have carried the brandy home for me!'

Exercise 20.4: His visits were too frequent, and lasted too long

A certain man was in the habit of making his visits to his friends far too long, until everybody thought him a nuisance. One man told his servant that if the man arrived again, not to let him into the house. Next day this troublesome person arrived. He knocked at the door, and asked if his friend was at home. The servant said, 'No, he has gone out.' The visitor said, 'Well, I must see my friend's wife, for I have a message for her.' The servant said, 'She has gone out too.' 'Then I had better wait till she comes home. As I am cold, I will sit by the fire.' The servant replied, 'You cannot do that, for the fire has gone out also!'

 Exercise 20.5: The blind farmer

An old farmer was blind, but he went about all parts of his village without a guide. One dark evening his daughter was taken very ill, and there was no one but the old man at home with her. He therefore had to go out alone to get the doctor. He took a lantern and went down the road. On the way a friend met him. The friend said to him, 'I always thought you were a sensible man, but now I see that you are becoming silly, for although you are quite blind, you carry a light. What is the use of the light to you?' The old man said, 'I am not as foolish as you think; I do not carry the light for myself, but for people like you, so that you will see me and get out of my way!'

(The following three passages are extracts adapted from broadcast talks on the Māori Battalion, prepared and given by K. T. Harawira.)

 Exercise 20.6

The Māoris of the First War were of good physique, big, tall, many of them over six feet in height, and strong. When they met the enemy, they seized their weapons, and forgot the things taught them by the Sergeant-Majors.

As for the men of the Second War, they did not compare with those of the First War in size, height and strength of body. But, as regards their education, it was much more extensive in the men of the Second War. But in the matter of fierceness, one was not better than the other, for the same blood was in the veins of these as well as those.

Exercise 20.7

I remember the first days the men arrived at the camp, some of them very nervous, with clothes and hats like American cowboys. Some of them in their working clothes. Such were the people who came to assist in the fighting, in the trains bound for the camp. When they arrived, their names were not found on the lists of those due to come. The Māori characteristic was evident in that way. Some were sent back, and some were allowed to be examined by the doctor and permitted to remain.

Exercise 20.8

In the First War, the first Battalion were not allowed to return frequently to their homes before going away from New Zealand. Although some went, but they ran away (cleared out). A certain company purposely dressed themselves, fastened their bayonets, and marched under their Sergeant. When they arrived at the gate leading outside, the Sergeant of the Guard mistook the party for an official one going out to look after the soldiers when they went into the town in the evening. When they went out, the party went straight to the train, to return to their homes, but they did not forget to wire to the C.O. of the camp that they had gone home. They returned the same way as they had gone, and went straight to the C.O. to report that they had returned. The C.O. asked one question of them, 'Do you want to go to the war?' The Sergeant replied, 'Yes, we want to very much!' As these men had all reassembled, they only forfeited their pay for the days lost.

Māori into English

 Exercise 20.9: Te maki me te tohorā

He maki nui tā tētahi hēramana i runga i tōna kaipuke. Ka pakaru te kaipuke, ka hoe ngā hēramana i runga i ngā poti, engari kāhore i mauria e rātou te maki. Ka totohu te kaipuke ka teretere noa iho ia i runga i ngā ngaru. Ko tētahi tohorā e haere noa ana, ka kite i te maki ka whakaaro he tangata. Ka aroha te tohorā ki te maki, kā uta i a ia ki runga i tōna tuarā, ka mauria ki te tuawhenua. Kāhore i roa, ka kite atu te tohorā i Ruapehu e tū mai ana i tawhiti; ka mea ake ki te maki, 'E mōhio ana rā koe ki Ruapehu nē?' Ka whakahokia e te maki, 'Ae, e tino mōhio pai ana ahau ki a Ruapehu, ko tōna whaea te kaihoroi mō mātou.' Nō tēnei kōrero kūare ka rūia e te tohora tana pikauranga ki roto i te moana, ka āta titiro atu, ka kite atu ehara i te tangata tāna e mau haere rā. Kātahi ka ruku ki raro i nga ngaru, mahue iho te maki wairangi ki tōna mate.

 Exercise 20.10: Te hoia mate

I mua noa atu ka hinga tētahi parekura nui. He maha ngā taotū e takoto ana i te pae o te pakanga. Ko tetahi o ngā hōia i poro te waewae. I tōna taha tētahi hoia anō, he kino tōna tū, he auē tonu tana mahi i te mamae. He roa te hōia tuatahi nei e whakarongo ana ki a ia, ā, katahi ka karanga atu, 'E hoa, turituri! Ki tōu whakaaro, kāhore anō te tangata i mate noa, ko koe anake?'

 Exercise 20.11: Te kauri

He aha te ingoa o tērā rākau teitei? Ātaahua ana ki te

titiro atu. Titiro ki te roa o te tinana me te ātaahua o ngā
rau ririki. He aha ērā i runga i ngā manga? Anō he hēki
kākāriki. Ko tērā rākau he kauri, ko ngā mea kākāriki he
hua. Taro ake nei ka tuaina te rākau e ngā tāngata ki ā
rātou toki, kani hoki. Ka poroporoa hei tūporo, ka
takahuritia iho i te puke ki roto i te awa. Ki te haere mai te
ua, ka kī te awa i te wai, ka tere ngā rākau ki te mira i te
taha o te awa. I te mira ka mahia hei papa, ka hokona ki
nga tangata hei hanga whare.

Exercise 20.12: Maha ringaringa, māmā mahi

Tokorua nga tangata kore mahi i haere ki Ākarana ki te
rapu mahi. Katoa te rā e hikoi ana rāua. I te ahiahi ka
whakatata rāua ki tētahi tāone ka kite rāua i tētahi tangata
e keri ana i tana kāri i te taha o te rori. Ka ui atu rāua
pēhea te tawhiti ki Ākarana. Ka whakautua e te tangata rā,
'E rua tekau maero.' Ka mea atu tētahi o ngā tangata haere
nei, 'Tino tawhiti tēnā, e kore māua e tae ki Ākarana i
tēnei pō.' Ka mea atu tētahi, 'Hā ka tae noa atu tāua ki
Ākarana i tēnei pō, inā hoki e tekau anō maero mā tētahi
mā tētahi o tāua e hīkoi.'

Exercise 20.13: Tāku mō tāu

Tērā tētahi tangata tino hiahia ki te haere i runga hōiho. I
tētahi wā i a ia e haere ana ka nui te mākū. I te tino kaha o
te ua, pōteretere ana rāua ko tana pononga i te mākū. I te
awatea ka noho rāua i tētahi hōtēra. I te atatū ka oho ake
te tangata nei, ka kite kua paki, ka karanga i tāna pononga
kia whakatikatika i ō rāua hōiho, ā, kia mauria atu hoki
ana pūtu. Ka tono ia i tētahi parakuihi. E tata ana ia ki te
kai ka uru mai te pononga me ana pūtu, engari kāhore anō
kia horoia. Ka mea atu ia ki te pononga, 'He aha koe i

kore ai e horoi i aku pūtu?' Ka whakautua e te pononga,
'Kāhore ahau i kite he aha te take i horoia ai, i te mea i
runga i ēnei rori paruparu, hāwhe hāora anō kua paru
katoa.' Ka titiro atu ia ki tana pononga, ka mea atu, 'He
mātauranga tēnā, kāti tīkina atu ō tāua hōiho, ka haere
tāua.' Kāhore i roa ka hoki mai te pononga me ngā hōiho.
Ka kī atu te tangata nei, 'Haere tonu atu tāua i nāianei.' Ka
kī atu te pononga, 'E tā, kāhore ano rā ahau i parakuihi.'
Ka mea atu te tangata nei, 'Kāhore noa iho ōu take i
parakuihi ai, ki te kai hoki koe i nāianei e kore e roa kua
hiakai anō.'

 Exercise 20.14 Te Ope Māori

I te taenga o te ope Māori ki Malta, ka tae mai te Kāwana
o taua whenua ki te mau mai i te kōrero a te Kāwanatanga
o Niu Tireni mō tā mātou tono kia tukua mātou ki te
whawhai i Karepori. Ko te kōrero tēnei: kei te tangata anō
te tikanga, ki te kore ia e hiahia, e kore ia e taea te muru
noa atu. Ka pātai te Kāwana ki te ope, 'Ngā mea e hiahia
ana ki te haere ki Karepori, kotahi hīkoi ki mua.' Kore
rawa he tangata i tū, hīkoi katoa. Ka pōhēhē te Kāwana
tēnā pea he kūare nō mātou ki te reo Pākehā, ka haere atu
ki a Te Rangihīroa kia whakamāoritia taua kōrero. Ka
whakamāoritia, ko taua āhua rā anō. E rua rā i muri mai
ka haere mātou ki Karepori.

21

Key to Exercises

 Exercise 2

1. Ngā pōtae hou.
2. He whare nui tēnā (tērā).
3. He pukapuka pai tēnei.
4. Te rohi tawhito tēnā (tērā).
5. Tēnei pōtae, ēnā pōtae.
6. He hōiho mā tēnā.
7. He pōtae iti tēnei.
8. This is an old book.
9. Auckland is a big town.
10. Those are sheep.
11. The man is there (by you).
12. The books are over there.
13. If you work in that manner, it will be bad.
14. This tree is like that, near you.

 Exercise 6.1

1. This is he.
2. Give me my book.
3. This child is his.
4. His is a good tree.
5. This canoe belongs to us (you and me).
6. Give me our (your and my) book.
7. These clothes belong to us (him and me).
8. Give me our (his and my) book.
9. This dog belongs to you (two).
10. That child belongs to them (two).
11. Their child (two of them).
12. This work belongs to us (you two and me).
13. Fetch our (your and my) canoe.
14. That house is for you (plural).

15. Those clothes are for them (plural).
16. This book belongs to me.
17. These trees belong to you.
18. That house is for him.
19. We (you and I) go to Tauranga.

20. These dogs are for us (you and me).
21. Give us (him and me) the canoe.
22. This house is for you (two).

23. Give those for us (him and me).
24. Is that your (two) child?
25. These spears are for them and me.

26. We (you and I) go to Rotorua.
27. That work is for us (them and me).
28. These trees belong to you.
29. Those trees belong to them (plural).
30. For whom are these hats?

E Exercise 6.2

1. Homai tōna pōtae.
2. Mōku tēnei waka.
3. Nō tāua tērā whare.
4. Homai tā rāua pukapuka.
5. Mā tātou tērā mahi.
6. Nā rātou ēnā tao.

7. Tāna kurī tēnā (tērā).
8. Tāu kurī tērā.
9. Tōu pōtae tērā?
10. Nō mātou tēnei waka.
11. Tīkina tā koutou kau.
12. Nō mātou ēnei kākahu.

E Exercise 8.1

1. The men of Rotorua.
2. These are Turi's parents.

3. Give the white fowls for them.
4. We go by way of Tauranga.

5. Who had Turi's spear?
6. Who has Hine's hat?
7. The lament will be at Tauranga.
8. The men inside the house.
9. On a little steamer.
10. From her brother.
11. To Manaia's elder brother.
12. These children belong to Turi.
13. Rupe's children are very well.
14. That new hat is for this woman.
15. The spear was seen by John.
16. John had it.
17. The meeting is at Rotorua.
18. Let us go to Rotorua by way of Tīrau.
19. These canoes are from Tauranga and Maketū.
20. The children are on top of the hill.
21. Stones from in the river.
22. Give a book to the younger sister of John's wife.

E Exercise 8.2

1. Nā wai ēnei hipi?
2. Mā māua.
3. Ki a tāua.
4. He whare nōku.
5. Homai tāu pukapuka.
6. Nā Turi tērā mahi.
7. Mauria mai he kōwhatu i te awa.
8. Nā te tangata o Tauranga.
9. Ko Purei te ingoa o tērā tangata pai.
10. Nō te whare o wai?
11. Ki ōna mātua.
12. Ki runga ki te whare.
13. I roto tāua i te whare.
14. Mā Hōne ngā hipi kei runga kei te puke.

E Exercise 10.1

1. He is the man who came from Tauranga.
2. Give me this child's books.

3. Fetch some trees for your house.
4. That is their canoe by which they came from Hawaiki.
5. That is a good man for the speech.
6. These chidlren belong to our place.
7. Where have these children come from?
8. Which trees are for you?
9. Bring my spears to this place.
10. By our good works your name was great.
11. The growth of his trees is very good.
12. Fetch their sheep.
13. This work belongs to him and me.
14. Those trees are for us (plural).

 Exercise 10.2

1. Hoatu ki a Turi taku tao.
2. Kia kaha ki tāu mahi.
3. Hoatu tana aroha ki ngā tangata o Tauranga.
4. Hoatu ōku waka mō rāua.
5. He kākahu hou ōu?
6. Tō rātou whare tēnā.
7. Nō tāua tēnei whare.
8. Kei hea te whenua mō tātou?
9. I hoatu aku tao ki a ia.
10. Homai he kai mā tēnei tamaiti.
11. Nō rāua tēnei whare.
12. Ā rātou hipi ēnā.
13. Nō māua tēnā whenua.
14. Nō tātou ēnei pōtae.
15. Hoatu tō kōrua waka mōna.
16. Nā koutou ēnā tamariki.

 Exercise 13.1

1. These are the friends of Ripi and Hine.
2. It was said to me our village will be burnt.
3. Paddle our canoe.

4. Who gave those trees for Turi and his friends?
5. Where is Thomas's house?
6. I think at Tīrau, at that place are his parents and his people.
7. Kahukaka was saved because she was Ngāpuhi.
8. This water is shallow, and how shall we land on the shore?
9. It is beginning to rain.
10. Tomorrow we go to Paihia.
11. The paddlers of Kupe's canoe are strong men.
12. If a woman comes to seek me, tell her I have gone to Tauranga.

 Exercise 13.2

1. Me tatari tatou ki ō tātou hoa.
2. He arawhata pai atu tēnei i tēnā.
3. Te whare pai rawa tēnei o ngā whare katoa.
4. Te tere o ngā waka o Ripi me ōna hoa.
5. Tīkina he wai mō Hēmi rāua ko Mēri.
6. Kua wareware ahau ki tōu ingoa.
7. E haere ana koe ki hea?
8. Ā te taenga o ngā manuwhiri, ka pōwhiritia rātou.
9. I mea atu ia ki te wahine, 'E whiti ana te rā.'
10. He whare anō hoki tō tāua.

 Exercise 15.1

1. Ehara tēnei i a Hone.
2. Ehara tēnei i te pukapuka pai.
3. Ehara ērā rākau i a ia.
4. Kāhore te whenua e mākū ana.
5. E kore tātou e haere āianei.
6. E kore ngā tamariki e haere āianei.
7. Kāhore te tohunga i roto i te whare.

8. Kīhai i tuaruatia tana pātai ki a au.
9. Tokohia ngā tāngata e haere mai ana?
10. E hia ana pukapuka?
11. Kāhore rātou i haere takitahi, engari tokotoru i te wā kotahi.
12. Ehara i a Kupe tēnā kurī.
13. Ehara ia i taku matua.
14. Ehara tēnā whare mōu.
15. Kāhore he koti o Hōne.
16. Kāhore i mauria mai e ratou he hōiho.

17. E kore mātou e hoki mai āpōpō.
18. Kaua e kōrerotia ki a rātou.
19. Kāhore anō ahau i kite i ngā kurī e toru.
20. Tokoiwa ngā tāngata e haere mai ana i Tīrau.
21. E rua tekau āna pukapuka e toru tekau mā rua ā tōna tuahine.
22. E kore ia e haere mai i te whare tuawhā, engari ka haere mai ia i te whare tuawhitu.

E Exercise 15.2

1. This is not Rupe.
2. Do not let the lament be at Tauranga this day.
3. That is not he.
4. The men did not assemble yesterday.
5. He is not a younger brother of yours.
6. They did not return.
7. Do not call loudly.
8. I did not lead him twice.
9. Which one? The thirtieth.
10. We are many. How many? Seven.
11. Fetch some canoes, three of them. How many? Three of them.

12. That is not Hine's canoe.
13. Ripi does not have the shoe.
14. That is not a good tree.
15. I will not lead Ripi.
16. Those kumaras do not belong to them.
17. Those dogs are not for John.
18. The women have not yet eaten.
19. Do not lead John and Mary.
20. How many? Two, four, six.
21. We saw some dogs. How many? Eight.
22. I do not know.

Exercise 16

A certain ancestor from the past, named Toi, went to seek his grandson Tūrāhui, who was lost out at sea. Toi called his men to assemble, and said:

'O people, listen to me; my child Whatonga and my grandson Tūrāhui are lost; we go to the south to seek them. My love for my grandson is very great, make the canoes strong for the journey on the great sea.' When he had finished speaking, he asked his people, 'How do you receive my words?'

The people called, 'Yes, we will come.'

They numbered three hundred, men and women; no children. Their journey began from Hawaiki, they arrived at Rarotonga, Pangopango, Samoa. This was his speech at Rarotonga:

'If a man comes to seek me, say to him, I have gone to Aotea to seek my children. If I do not arrive there, I am lost at sea.'

A long time they journeyed, and arrived at Tāmaki.

Exercise 17

Tamati Wake Nēnē was a very great chief of the Ngāpuhi. A good friend of the Pākehā till the day of his death. He was great to both peoples, Māori and Pākehā. Some words were spoken to him by the English Parliament. In the fight with Hone Heke in the year 1845, he was on the side of the Pākehā. For his help to the Pākehā, the Government gave him a pension of £100 a year.

Tamati Waka Nēnē was a son of Tapua, a chief of Ngāitiaho of Hokianga. While he was still young, he went together with the fighting troops of his people. Patuone was his elder brother. These two men were good friends of the Pākehā.

The ancestors of Nēnē were Nukutawhiti and Ruanui.
Māmari was their canoe by which they came from Hawaiki.
It is a custom of the Māori, at the birth of a male child, to
wrap the body in karamū leaves when he is being baptised
by the priest, to take some part of that karamū, and plant
it in the ground. If it grows, the child will be a brave. It was
said that Nēnē's birth was like that.

As Nēnē grew up, it was seen that the words spoken of
him at his baptism were true. He was one of the chiefs on
the side of Hongi Hika at the killing of the people of
Hauraki, and the taking of their pa at Totara. Afterwards
Nēnē went with a division of Ngāpuhi to the fight against
the people of Taranaki, killed the people of that place, and
some were made captive by them and brought to be slaves.

At the same time he went together with Te Rauparaha
to Kapiti to kill those people. Judge Wilson had a talk with
Nēnē after the massacre of the sailors of the 'Hawes' at
Whakatāne in the year 1829, by a certain man, Ngārara,
and his friends. One of them from Ngāpuhi went casually
to Whakatāne to see that place, but his home was at
Maungatapu in Tauranga; his wife was also of that place.
When this man returned from Whakatāne to Maungatapu,
Nēnē was there. Nēnē began to speak to the man, and to
jump about also; these were his words: 'And do Ngāpuhis
kill Pākehās? What have you come here for, to kill
Pākehās? What is the sin of the Pākehā to you? This is
yours.' He straightened his rifle, and shot him dead.

 **Exercise 18**

'Where are these men from, from Rotorua?'
　'No, they are not from Rotorua, but from Tauranga.'
'Who called them to come to this place?'
　'I do not know, our chief perhaps.'
'How many of them have come?'
　'I do not know, twenty perhaps.'

'Who is their chief'.

'Tītore, he (that man) belongs to Whakatāne, a chief of the sub-tribe of the Whānau-a-Apanui, a good man who loves his people.'

'What is the reason for their coming here?'

'I do not know, but I think they have come to bring Tītore's children to stay at this place.'

'That is a good thing for us all.'

'Call the visitors to dine, at the finish we will talk.'

'Where are our children to welcome them, fetch them here.'

The first welcome is by Te Ikaroa, these are his words:

'Welcome, welcome, welcome! Welcome to the highly respected visitors, we are very glad you have arrived. Bring love and the peace treaty. Greetings to the spirits of the people who sleep. Bring our children to this place to stay, as a sign of the peace treaty and the calm. The wars between the Māori people have finished now, the Gospel has ended that. Here are your friends and your relations, do not be afraid to speak your thoughts, perhaps from your subject will come something of benefit for us all, therefore welcome, welcome, welcome. Greetings to you.'

Here the visitors stood forth and sang and danced. At the end, their chief Tītore stood up to make a speech:

'O people, O marae, call to us who have arrived here. Greetings! We have come here to bring you love and the peace treaty. Greetings from our dead!'

Here Tītore began his chant, his people caught it up, it was enjoyed by the local people. At the end, they all went into the house.

 **Exercise 19.1**

I mua noa atu ka haere ngā tūpuna o te Māori i Hawaiki ki Aotearoa. He tino mārōrō ō rātou waka i rere mai ai i te moana nui. Mō ngā tau maha i rere haere rātou i tētahi moutere ki tētahi hanga kāinga ai mō rātou i ētahi wā.

Engari ko ngā tino rangatira ngā mea kaha ki te haere
tawhiti, me te wāhi i muri anō hoki i ō rātou iwi. Nō muri
rawa ia ka haere mai rātou i runga i ō rātou waka nunui, ā,
ka tae mai ki tēnei whenua noho tūturu ai. Ka noho rātou i
konei, tēnā iwi, tēnā iwi ki tōna wāhi o te whenua, mō
ētahi rau tau i muri mai tae noa mai te kiri mā. E mōhio
ana ngā Māori rangatira ki ō rātou whakapapa mai anō i
ngā waka i heke mai ai ō rātou tūpuna.

 Exercise 19.2

Ko ngā kāinga o ngā Māori o mua i hanga ki runga ki ngā
puke. He iwi toa ki te whawhai, haere ai i ētahi wā ki te
whawhai ki ngā iwi o ētahi atu kāinga. Ko ngā taitamariki
he mea tino whakaako hei toa, ā, ki ngā kōrero tawhito
anō hoki o te iwi. I tēnā rā, i tēnā rā e hoatu ana he mahi
mā rātou kia kaha ai ō rātou tinana kia nui ai tō rātou
mātauranga, ā, ka tupu ake rātou hei tāngata mārohirohi. I
te pai o ngā whakahaere o te pā, ka piki haere tonu te
mōhio o te iwi ki ngā mahi a ngā tūpuna. Ko ngā uri
whakatupu o ēnei rā kei te mau tonu ki ētahi o ngā tikanga
rangatira a ō rātou tūpuna. I mua he hoariri toa rātou nō te
Pākehā, i nāianei he hoa pai rātou.

 Exercise 19.3

I kauwhautia e Hāmuera Mātenga tāna kauwhau tuatahi ki
Aotearoa i te rā o te Kirihimete tau kotahi mano e waru
rau tekau mā whā i Ōihi, Pēwhairangi. Kei reira e tū ana
tētahi kōwhatu whakamaharatanga mō taua karakia.
    I te taenga o Hāmuera Mātenga ki reira ka pōwhiritia e
ngā rangatira e Korokoro, e Ruatara, e Hongi i reira hoki
rātou me te iwi katoa e tatari mai ana, ā, kua rite katoa i a
rātou ngā mea mō te karakia. Ko ngā Māori me ō rātou
rangatira i tū katoa mai i muri i ngā Pākehā.

I tīmata te karakia ki te waiatatanga o te kotahi rau o
ngā waiata, ka mutu ka tangohia e te kaikauwhau tana
rārangi i te Rongo Pai a Ruka, te rua o ngā ūpoko, tekau o
ngā rārangi, 'He kaikauwhau tēnei ahau ki a koutou i te
hari nui.'

Ētahi o ngā Māori kīhai i mōhio ki ngā kupu a te
Mātenga, engari ko Ruatara i haere nei ki Ingarangi i
mōhio ki te reo, i mea ia māna e whakamāori ki te iwi.

Tino nui te koa o ngā Pākehā i reira i tō rātou kitenga i
te huihuinga nui o ngā Māori e hihiko ana ki te ako i ngā
kupu o te Rongo Pai.

 ## Exercise 20.1: Muru

I ngā wā o mua, i te taenga tuatahitanga mai o te Pākehā ki
tēnei whenua, tērā tētahi tikanga a te Māori he muru te
ingoa. Ki te taka te tamaiti ki te ahi, ki te whara kino
rānei, ka haere katoa mai ngā whanaunga me ngā hoa o te
pāpā o taua tamaiti ki tōna whare ki te muru i ana taonga.
E kore te pāpā e riri mō tēnei mahi, engari ka pōuri ki te
kore ia e murua e ōna hoa. Kāhore e mōhiotia ana he aha
te take o tēnei tikanga. Ko ētahi e mea ana, ko te muru he
utu mō te whakaaro kore o te tangata.

 ## Exercise 20.2: Te ngeru me te kiore paku

I ngā rā katoa kotahi kiore e patua ana, e kainga ana e te
ngeru, arā, ka tino whakatakariri ngā kiore. Ka karangatia
he hui nui mā ngā kiore. I te nui o ā rātou kōrero
whakaaetia ana ko te mea mā rātou he rapu i tētahi tikanga
e mōhiotia ai kei te haere mai te ngeru. Nā tetahi kiore iti i
kī, me here he pere ki te kakī o te ngeru. Ka whiriwhiria
he komiti mō taua mahi, engari tae noa mai ki nāianei
kāhore anō he kiore e pai ana ki taua mahi.

Exercise 20.3: Mahi atawhai

I tētahi rā ka kite atu tētahi āpiha o te katimauhe i tētahi
tangata e āta haere ana i te huarahi i te takutai, e waha
haere ana i te kāho iti nei i runga i tana tuarā. Me te mea
nei e hiahia ana te tangata rā kia ngaro atu ia i te tirohanga
a te āpiha. Nā reira ka whakaaro te āpiha he waipiro kei
roto i te kāho, ā, kahore anō i utua te tāke. Ka haere atu te
āpiha ka pātai atu he aha kei roto i te kāho. Ka
whakahokia mai e te tangata rā, 'He parani.' Ka mea atu te
āpiha, 'Kāti me haere tahi mai koe i a au ki te katimauhe,'
ka tangohia mai e ia te kāho i te tangata rā māna e waha i
runga i tōna tuarā. E toru pea maero e haere ana rāua, ka
tae ki te wehenga o ngā rori. Ka mea atu te tangata rā ki te
āpiha, 'Kāti whakahokia mai taku kāho, ko tōku whare
tērā e tū mai rā.' Ka mea atu te āpiha, 'Engari rā me haere
mai koe i a au, kia mōhio ai ahau kua utua rānei e koe te
tāke, kāhore ano rānei.' Ka mea atu te tangata rā, 'He
tawhiti rawa tēnā hei haerenga mōku, kei a au nei hoki te
rīhīti mō te tāke.' Ka tangohia ake e ia te rīhīti i tana pēke,
ka hoatu kia kite te āpiha. Ka titiro te āpiha ka mea, 'Ae,
kei te tika, engari he aha koe tē homai wawe ai kia kite
au?' Ka mea atu te tangata rā, 'Ko te take mehemea i pēnā
au e kore koe e mau mai i taku parani ki te kāinga!'

 **Exercise 20.4: He tino hono tonu tōna haere mai,
he tino roa tōna noho**

Ko te mahi a tētahi tangata he haere kia kite i ōna hoa, he
noho roa hoki, ā, ka hōhā ngā tāngata katoa ki a ia. Ka
mea atu tētahi rangatira ki tana pononga, ki te tae mai anō
taua tangata, kaua e tukua mai ki roto i te whare. Ao ake
ka tae mai taua tangata whakahōhā nei. Ka pātōtō i te
tatau, ka pātai mehemea kei te kāinga tana hoa. Ka mea
atu te pononga, 'Kahore, kua riro ia kei waho.' Ka mea atu

te tangata rā, 'Kāti, me kite au i te wahine a taku hoa, he
kōrero taku ki a ia.' Ka mea atu te pononga, 'Kua haere
anō hoki ia.' 'Kāti rā me tatari au kia hoki mai ia. I te mea
kei te makariri au, me noho au i te taha o te ahi.' Ka mea
atu te pononga, 'E kore tēnā e taea, kua haere anō hoki te
ahi kei waho!'

 ## Exercise 20.5: Te kaimahi pāmu matapō

Tērā tētahi koroua matapō he kaimahi pāmu, haere mai,
haere atu ia i ngā wāhi katoa o tōna kāinga, kāhore he
kaiārahi. I tētahi pō pōuri ka pāngia tana tamāhine e te
mate taumaha, ko te koroua rā anake i te kāinga. Nā reira
ko ia anake i haere ki te tiki i te rata. Ka mau ia i te rātana
ka haere i te rori. I te huarahi ka tūtaki ki tētahi hoa. Ka
mea atu te hoa, 'I mahara ahau he tangata whai whakaaro
koe, engari i nāianei kua kite au e āhua kūare ana koe, nā
rā ahakoa tō tino kāpō, e mau raiti ana koe. He aha te pai
o te raiti ki a koe?' Ka mea atu te kaumātua nei, 'Ehara
ahau i te kūare pēnā i tāu e whakaaro nā; kāhore au e mau
ana i te raiti mōku anō, engari mō ngā tāngata pēnā i a koe
nā, kia kite mai ai koe i a au kia whakawātea ai i taku
huarahi!'

 ## Exercise 20.6

Ko ngā Māori o te pakanga tuatahi, he pai te whakatupu o
te tangata, te nui, te roa, he nui tonu ngā mea e ono putu
me te kaha. I te wā i tūtaki ai ki te hoariri, kei a ratou anō
tā rātou mau patu, ka wareware ki nga mea i whakaakona e
nga haihana meiha.

Mō ngā tāngata o te pakanga tuarua, kāhore rātou i rite
ki ō te pakanga tuatahi te nunui, te roroa me te kaha
tinana. Engari, mō te matauranga, nuku noa ake tō ngā
tāngata o te pakanga tuarua. Engari i te wā o te riri,

kāhore tētahi i pai ake i tētahi, ko aua toto rā anō kei roto i tētahi me tētahi.

Exercise 20.7

E mahara ana ahau ki nga rā tuatahi i tae mai ai ngā tāngata ki te puni, mau ana te wehi o ētahi, ko ngā kākahu me ngā pōtae rite tonu ki ngā 'kaupoi' o Merika. Ko ētahi ko ō rātou kākahu mahi tonu. Ko te hunga tēnei i piki noa mai i ngā tereina e anga ana ki te puni. Nō te taenga mai ka kitea kāhore ō rātou ingoa i roto i ngā rārangi mō te haere mai. Kua kitea tonutia i reira tō te Māori āhua. Ko ētahi i whakahokia, ko ētahi i tukua kia tirotirohia e te tākuta e whakaaetia ana kia noho.

Exercise 20.8

I te pakanga tuatahi, kāhore te ope tuatahi i tukua kia hokihoki ki ngā kāinga i mua atu i te haerenga atu i Niu Tireni nei. Otirā i haere anō ētahi, engari he mea oma noa atu. Tētahi rōpū i āta whakakākahu i a rātou ka whakamau i ā rātou pēneti, ka māti mai i raro i tō rātou haihana. Te taenga ki te kēti e puta ai ki waho, ka pōhēhē te haihana o te kāri he rōpū e haere ana ki te tiaki i ngā hoia inā tae atu ki te tāone i te pō. Te putanga atu o te rōpū rā ki waho, haere tika ki te tereina, ka hoki ki te kāinga, engari kīhai ratou i wareware ki te waea mai ki te tumuaki o te puni kei te haere rātou ki te kāinga. Tō ratou hokinga mai, pērā anō i te haerenga atu, i haere tika rātou ki te tumuaki ki te rīpoata kua hoki mai rātou. Kotahi anō pātai a te tumuaki, 'E hiahia ana koutou ki te haere ki te pakanga?' Nā te haihana i whakautu, 'Ae, ko tō mātou tino hiahia tēnā.' Heoi anō te whakawhiu i te iwi nei, kāhore rātou i utua mō ngā rā e ngaro atu ana.

Exercise 20.9: The monkey and the whale

A sailor had a large monkey on board his ship. The ship was wrecked, and the sailors rowed away in the boats, but they did not take the monkey with them. When the ship sank he was left floating on the waves. A whale, passing by, saw the monkey and thought he was a man. The whale was kind to the monkey, and took him on his back, and carried him towards the land. Before long the whale saw Ruapehu in the distance, and said to the monkey, 'You know Ruapehu, don't you?' The monkey replied, 'Oh yes, I know Ruapehu well; his mother used to wash for us.' At this senseless remark, the whale shook his burden off into the sea, and took a look at it; he saw that it was not a man he was carrying. Then he dived under the waves, and left the foolish monkey to his fate.

 Exercise 20.10 The dead soldier

Once upon a time a great battle was fought and lost. Many men lay wounded on the battlefield. One solider had his leg shot off. Near him was another soldier, also badly wounded, who kept groaning with pain. The first soldier listened to him for a long time, and then called out, 'Do be quiet man! Do you think that no one has been killed but yourself?'

 Exercise 20.11: The kauri

What is the name of that tall tree? How beautiful it looks! See the long trunk and the pretty little leaves. What are those things on the boughs? They are like green eggs. That tree is a kauri, and the green things are cones. Shortly men will cut down the tree with their axes and saws. Then they will cut it into logs, and roll them down the hill to the creek. When the rain comes, the creek will be full of water, and the logs will float away down to the mill beside the river. At the mill they will be made into timber, and sold to people to build houses.

 ## Exercise 20.12:
Many hands make light work

Two unemployed men were going to Auckland to seek work. They had walked all day long. Towards evening they came near a town, and saw a man digging in his garden close to the road. They asked him how far it was to Auckland. The man replied, 'Twenty miles.' One of the travellers said, 'That is a long way, we shall not reach Auckland tonight.' The other replied, 'Of course we shall reach Auckland tonight, it is only ten miles for each of us to go!'

 ## Exercise 20.13: Tit for tat

There was a certain man who was very fond of travelling on horse back. One time as he travelled it was very wet. It rained so heavily that he and his servant got wet through. In the middle of the day they stopped at a hotel. Early next morning the man awoke, and saw that it was fine, so he called his servant to get their horses ready and bring him his boots. He then ordered breakfast. He was just ready to eat it when his servant entered with his boots, but they had not been cleaned. He said to the servant, 'Why haven't you cleaned my boots?' The servant replied, 'I did not think it was necessary to clean them, for on these muddy roads they would be all dirty again in half an hour.' He looked at his servant and said, 'That is very wise. Now fetch our horses and we will go.' Soon the servant returned with the horses. The man said, 'Then we will go at once.' The servant said, 'Sir, I have not had any breakfast.' The man said, 'It is not necessary for you to have any breakfast, for if you eat now it will not be long before you are hungry again!'

 Exercise 20.14: The Māori Battalion

When the Māori troops arrived at Malta, the Governor of that land came to bring us word from the Government of New Zealand in reply to our request to let us fight on Gallipoli. The message was this: each man is to please himself; if he does not want to go, he cannot be forced. The Governor asked the troops, 'All those who want to go to Gallipoli, one step forward.' Not one man stood still, all stepped forward. The Governor thought that it may have been that we did not understand the English language, so he went to Peter Buck to translate what he had said. It was translated with the same result. Two days later, we went to Gallipoli.

22

Vocabulary

Māori into English

This vocabulary is intended as a guide to the exercises in this book only. Students should also refer to a good dictionary.

A

āe	yes
aha	what? do what?
ahakoa	although
ahatia	touched, harmed
āhea	when? (future)
āhei	be able, possible
ahi	fire
ahiahi	evening
āhua	truly, appearance, characteristic, result
āhuareka	amiable, pleasant
āianei	now, today, presently
Airihi	Irishman, Irishwoman
Ākarana	Auckland
ake	ever, forever; also from below upwards
āki, ākina	dash
ako	teach, train
akonga	student, disciple
āmine	amen
ana	cave, also denotes action when preceded by 'e', also his, her in the plural
anake	only, no one but

anga	move in a certain direction
āniwaniwa	rainbow
anō	still, up to now, yet, quite, indeed
ao	become light, daytime
Aotearoa	The Land of the Long White Cloud (New Zealand)
āpiha	officer
āpōpō	tomorrow
ara	road, way
arā	that is, namely, in other words
ārahi	lead
arawhata	bridge
ariki	chief, first-born of family
aroha	love, pity, sympathy
aru	follow
ata	morning
āta	deliberately, purposely
ātaahua	beautiful
atatū	just after sunrise
atu	away from speaker, other
atua	god
aue	alas (a lamentation)
awa	river
awaawa	valley
awatea	midday
awhi	embrace
āwhina	help

E

e	by, also Oh!
ehara	not (non-identity)
ēhea?	which? (plural)
ēnā	those (by you)
ēnei	these
engari	but
ērā	those (over there)
ētahi	some, certain (plural)

H

hā!	what! (exclamation)
haere	go
haere atu	go away
haere mai	come here, also a form of welcome
hāhi	church
haihana	sergeant
haka	a certain dance
Hāmuera	Samuel
hanga	build
hāngi	oven (dug in the ground)
hāora	hour
hapū	sub-tribe
hara	sin
hari	joy
hau	wind, also corner or angle, also to strike
haua	I don't know
hāwhe	half
he	the indefinite article 'a'
hē	wrong
hēki	egg
hei	at
heihei	fowl
heke	descend, migrate
heoi	so then, however, that is enough, whereupon, accordingly
hērāmana	sailor
here	tie, fasten with cord
herehere	captive
heru	comb
hiahia	desire
hiainu	thirsty
hiakai	hungry
hihiko	eager
hīkoi	step
hine	girl, used as form of address

hinga, hinganga	fought (and lost)
hipi	sheep
hoa	friend
hoariri	enemy
hoatu	give (away)
hoe	paddle (a canoe)
hōhā	troublesome, nuisance
hōhonu	deep
hōia	soldier
hōiho	horse
hoki	also, and, too, to return
hokihoki	return frequently
hoki mai	come back, return here
hokinga	the returning
hoko, hokona	buy, sell, exchange
homai	give (me), bring
Hōne, Hoani	John
hono tonu	continual
hopu	catch, seize
horoi, horoia	wash, clean
hōtēra	hotel
hou	new
hū	shoe
hua	fruit, also to uproot
hui	meeting
huihui	assemble
huka	sugar
hunga	company of people

I

i	particle to denote past tense, also preposition to connect verb with object, also: from
ia	he, she, him, her, it
iho	up above, from above, downwards
ihu	nose
ika	fish
ike	high

ina	certainly, of course, to be sure, when, for
i nāianei	just now
inanahi	yesterday
ingoa	name
īnoi	prayer
iriiri	baptise
iti	small
iwi	people, tribe

K

kāri	guard
kāti	now, then, well, also leave off, cease
kaha	cask
kāho	strong
kāhore	no, not
kai	food, also signifies 'agent'
kaiārahi	leader, guide
kāinga	home
kaipuke	ship
kākahu	clothes
kākāriki	green
kakī	neck
kani	saw
kanohi	eyes, face, countenance
ka nui	very great
kāpō	blind
karakia	service, prayer, incantation
karamū	a certain tree
karanga	call
Karepori	Gallipoli
kari	garden
Kariki	Greek
kātahi	now, for the first time
Katimauhe	Custom-house
katoa	all
kau	cow

kaumātua	old man
kaupoi	cowboy
kauwhau	sermon
Kāwana	Governor
kāwanatanga	government
kawe, kawea	bring, convey
kēti	gate
keri	dig
kī	to say, also full, also to
kino	bad
kiore paku	mouse
kiri	skin
Kirihimete	Christmas
kite, kitea	see
koa	joy
kohi	gather
koi	sharp
kōhurutanga	murder
komiti	committee
konei	here
kōrero	talk, tell, say, message
korōria	glory
koroua	old man
kōwhatu	stone
kūare	ignorant, misunderstood, foolish, silly
kuia	elderly woman
kura	school
kurī	dog
kūwaha	doorway

M

mā	clean, white; and his companions; for
māra	garden
māti	march
maero	mile
maha	many

mahara	think upon, remember
mahi, mahia	work, work at, get ready
mahue	left behind
māia	warrior, brave
makariri	cold
makawe	hair of the head
maki	monkey
mamae	pain
mana	authority, influence, prestige
manaaki	show respect to, bless
manawanui	persevering
manga	branch (of tree or river)
māngere	lazy
mānia	a plain
manu	bird
manuwhiri	visitor
marae	meeting place of the tribe, courtyard
mārie	quiet, appeased
mārohirohi	strong, efficient
mātauranga	mind, intellect, education
matapō	blind
mate	dead, death, ill
matua	parent
mau, mauria	bring
maunga	mountain
maungārongo	peace treaty
mau patu	weapon
me	and, if, also used as imperative
mea	thing, also do, intend, think, say (has various similar uses)
mehemea	if
Meiha	Major
Merika	America
mira	mill
miraka	milk
mō	for
moana	sea, ocean

moe	sleep
mōhio	know
mokopuna	grandchild
motu	island, also to sever or set free
mua	before, the front
muru	plunder, wipe out, forgive
muri	afterwards, the rear
mutu	finish, cut short

N

nā	an exclamation to call attention (now then!) also by, by way of, belonging to
nāianei	now, at the present time
nanā	look, behold (imperative only)
nāna	possessive pronoun, 3rd singular
nā reira	therefore
nau	come
nau mai	welcome
nē?	an interrogative to give emphasis to a question
nei	here, denotes nearness
Niu Tīreni	New Zealand
nō	of, from, belonging to
noa	until
noho	sit, stay
nui	big, large
nunui	plural of nui

NG

ngā	plural definite article, 'the'
ngahere	forest
ngākau	heart
ngārara	reptile, insect
ngaro	lost
ngaru	wave of the sea
ngau	bite, gnaw
ngeru	cat

ngira	needle
ngohengohe	weak, soft
ngutu	lip

O

oho	wake up
oma	run
one	beach
onepū	sand
ono	six
ope	troops, fighting force
ora	well, alive
otaota	plants
otīia	but on the other hand
otirā	but at the same time, but indeed

P

pā	village, also to touch
pae	region, (field), also lie across
pahure	pass by
pai	good, willing
painga	goodness, benefit
pakanga	war
pakaru	broken
Pākehā	foreigner, European as opposed to Māori
paki	fine, (weather) without rain
pāmu	farm
pāngia	touched (with illness) passive of pa
papa	board, timber
pāpā	father
pāpaku	shallow
parani	brandy
parakuihi	breakfast
parāoa	bread, also whale
parekura	battle, battlefield
pāremata	parliament

paru	dirty
paruparu	mud
pata	butter
pātai	ask
pātere	chant
pātōtō	knock repeatedly
patu	weapon, also to strike, kill
patunga	beating
pau	consumed
pea	perhaps
pēke	pocket
pēhea	how, in what way
pēnā	do in that way, also in that case
pēnei	do in this way, in this case, like this
pēneti	bayonet
penihana	pension
pepa	paper
pērā	like that, do in that way
Pēwhairangi	Bay of Islands
pīkauranga	burden
piki	climb, come to the rescue
pirau	rotten
pō	night
poaka	pig
pōhēhē	mistake
Pōneke	Wellington
pono	true
pononga	slave, servant
poro	cut off
poroporo	cut short
pōtae	hat
pōteretere	dripping wet
poti	boat
pouaka	box
pōuri	sad, sorrowful, distressed
pōwhiri	a welcome
pū	rifle

pukapuka	book
puke	hill
pūkeri	violent (as of wind)
puni	camp
pupuhi	to shoot
puta, putanga	pass through, go forth
pūtake	subject matter, solution, reason, root
puta mai	come out of
putu	foot, feet
pūtu	boot

R

rā	sun, day, also sail, also by way of, also over there
raiona	lion
raiti	light
rākau	tree, wood timber
Rānana	London
rānei	or
rangatira	chieftain
rangatiratanga	chieftainship, kingdom
rangi	sky, heaven
rangimārie	calm
rangona (passive of rongo)	heard
rapu	seek, look for
rārangi	text, verse, list
raro	underneath, below
raruraru	perplexed
rata	doctor
rātana	lantern
rau	leaf, also hundred
raumati	summer
rauriki	sow-thistle
rawa	quite, very
reira	there, that place (already mentioned)

reo	language, words, voice
repo	swamp
rere	sail
reta	letter
rihīti	receipt
ringaringa	hand
rīpoata	report
riri	anger
ririki	little, small
riro	taken, carried away
rite	the same, like
roa	long
rohe	boundary
rohi	loaf
rongo	hear, also tidings, report, news
rongoā	medicine
Rongo Pai	Gospel, good news
rōpū	company (of persons)
roroa	tall (plural of roa)
rori	road
rui, ruia	shake off, scatter
Ruka	Luke
ruku	dive
rūnanga	council
runga	the top, upwards, above

T

tae	arrive
taha	side
tahi	beside, together, also one
tahu	burn
taihoa	by and by
taka	fall, fall off
takahuri, takahuritia	roll
takai, takaia	wrap
take	reason
tāke	duty
takoto	lie

tākuta	doctor
takutai	seashore
tama	son
tamāhine	daughter
tamaiti	child
tamariki	children
Tāmati	Thomas
tāne	man, male, husband
tangata	human being, person
tangata whenua	local people
tangi	weep, mourn, also sound
tango	take
tangohanga	circumstance
tangohia	take from, remove
tao	spear
tāone	town
taonga	property, treasure
taotū	wounded man
tapu	holy, sacred
tarapiki	lie across
taro	bread (not in common use)
tata	near
tatari	wait
tatau	door
tau	year
taua	that, the aforesaid, also a war-party
taumaha	serious, heavy
tawhiti	distance
tawhito	old
tēhea?	which?
teina	younger brother of a male, or younger sister of a female
teitei	tall, high
tēnā	that (near you)
tēnei	this, here
tēnei rā	this day, today
tēpu	table

tērā	that (over there)
Te Rangihīroa	Peter Buck
tere	swift, also float
teretere	drift or float
tereina	train
tiaki	guard
tiati	judge
tika	straight, right
tikanga	custom, rule, plan
tiketike	height
tiki, tīkina	fetch
tima	steamer
tīmata	begin
tinana	body
tini	very many
tino	very
tirohanga	sight (from titiro)
tirotirohia	examine (from titiro)
titiro	look
toa	brave, also warrior
tohorā	whale
tohu	preserve
tohunga	priest, expert
tōkena	stocking
toki	axe
tokomaha	many (of people)
tonga	south
tono	command, order, request
tonu	continue
toto	flood
totohu	sink
tū	stand, also wound
tua, tuaina	fell, cut down
tuahine	sister (of a male)
tuakana	elder brother of a male, elder sister of a female
tuarā	back
tūārangi	lordly, highly respected

tuawhenua	mainland
tuhituhi	write
tukua	allow, permit
tumuaki	leader (in this case, Commanding Officer)
tungāne	brother (of a female)
tuohu	stoop, bow
tūpeke	jump about
tūporo	logs
tupu	grow
tūpuhi	storm
tupuna	ancestor
ture	law
turituri	noisy
tūru	stool, chair
tūtaki	meet
tūturu	permanent

U

ū	to land
ua	rain
uaua	difficult
ui	ask, enquire
uira	gleam, flash, lightning
umu	oven (hangi)
ūpoko	chapter, head
uri	offspring, descendant
uru	reach (a place), arrive, enter
uta	land, as opposed to water
utu	payment, reward, also answer, to reply

W

wā	time, interval
waea	wire (telegram)
waenganui	between, the midst
waewae	foot
waha	mouth, also carry on the back
wāhanga	division

wāhi	place
wahie	firewood
wahine	woman
waho	out, outside, the open sea, away from land
wai	water, also who, whom
waipiro	spirits (strong drink)
wairangi	foolish
wairua	spirit, shadow
waka	canoe
wareware	forget
wawe	soon, sooner, before
wehe	division
wehenga	crossroad
wehi	afraid, fear
wera	hot
Wirihana	Wilson

WH

whaea	mother
whai	follow, pursue, also possessing
whaikōrero	speech
whaimuri	follow after
whaiwhakaaro	sensible
whaka	towards, in the direction of, also is the causative prefix
whakaae, whakaaetia	agree, consent, allow
whakaako	teach, train
whakaako, whakaakona	taught
whakaaro	thought
whakahōhā	troublesome
whakahoki, whakahokia	return, give back, also answer
whakakākahu	dress oneself
whakamaharatanga	memorial
whakamāori, whakamāoritia	translate into Māori

whakamau	fastened
whakanui, whakanuia	made great
whakaora, whakaorangia	deliver
whakapaipai	decoration, make beautiful
whakapapa	family tree, genealogical table
whakapono	believe
whakarongo	listen, attend, to inform
whakatakariri	vexed, upset
whakatata	came near
whakatika	made straight
whakatikatika	make ready
whakatōngia	planted
whakatupu	growth, physique
whakautu, whakautua	replied
whakawai, whakawaia	entice, beguile, tempt
whakawātea	get out of the way, clear away
whakawhiu	punish
whānau	born
whanaunga	relations
whānautanga	birth
whara	be hit, hurt
whare	house
whawhai	fight
whenua	land, ground
whiriwhiria	selected, chosen
whiti	shine, also cross over to the other side

Phrases

ākina iho	thrown or dashed down
ao ake	early morning
āta haere ana	walking slowly
ata mai anō	since morning
āta titiro	look deliberately, carefully
haere raro ai	walk
haere runga hōiho	ride on horseback
haere tahi mai	accompany
haere tawhiti	travel far
haere tonu atu	keep on walking
hanga whare	build houses
hua tonu ake	to uproot
i haere noa atu	went casually
i mua atu	before
i mua noa atu	a long time ago, once upon a time
i muri mai	before, until
i muri tata mai	immediately afterwards
kaimahi pāmu	farmer
kei te tika	that is correct
muru noa atu	forced, compelled
nuku noa ake	more extensive
oma noa atu	ran away, in this case, went A.W.O.L.
piki haere tonu	gradually increase
piki noa mai	came to assist in the fighting
raro noa atu	far below
rere haere	sea journey
tae noa atu	until
taro ake nei	shortly
tata ana	very nearly, just ready
tēnā koutou i ō tātou aituā	greetings in remembrance of our dead
tēnā rā ko koutou	a special form of greeting to a highly esteemed or respected person

toa ki te whawhai	warlike
uru mai	arrived, entered
waha haere ana	carrying

English into Māori

A

able (be)	āhei
above	runga
accident	aituā
accompany	haere tahi mai
aforesaid	taua
afraid	wehi
afterwards	muri
again	anō
against	ki
agree	whakaae, whakaaetia
alas	auē
all	katoa
allow	tukua, whakaaetia
also	hoki, anō
although	ahakoa
always	tonu
amen	āmine
America	Merika
amiable	āhuareka
among	kei roto i, i roto i
ancestor	tupuna
and	me
anger, angry	riri
answer	whakahoki
appearance	āhua
apple	āporo
approach	awhi
argue	totohe
army	ope, taua
arrive	tae
ascend	piki
ashore	ki uta
ask	pātai, ui
assemble, assembly	huihui
assist, assistance	āwhina

at (place)	i hei, kei, ki
attend (listen)	whakarongo
attempt	whakamātau
Auckland	Ākarana
authority (prestige)	mana
awake	oho
away	atu
axe	toki

B

back	tuarā
bad	kino
bag	pēke
baptise	iriiri, iriiria
battle	parekura
Bay of Islands	Pēwhairangi
bayonet	pēneti
beach	one
beating	patunga
beautiful	ātaahua
before (front)	mua
begin	tīmata
belief	whakapono
bell	pere
belonging to	nō, nā, o, a
below	raro
benefit	painga
beside	taha
best	pai rawa
better	pai atu
between	waenganui
big	nui
bird	manu
birth	whānautanga
bite	ngau
bless	manaaki
blind	kāpō, matapō
blood	toto

boat	poti
body	tinana
book	pukapuka
boot	pūtu
born	whānau
boundary	rohe
bow, stoop	tuohu
box	pouaka
boy	tāne
branch (of tree)	manga
brandy	parani
brave	toa, māia
bread	taro (not in common use)
	parāoa
breakfast	parakuihi
bridge	arawhata
bring	kawe, kawea, mau, mauria
broken	pakaru
brother	tuakana (elder of a male), tungāne (of a female), teina (younger of male)
build	hanga
burden	pīkauranga
burn	tahu
but	engari, otīia (on the other hand), otirā (at the same time)
butter	pata
buy	hoko, hokona
by	e, nā, taha
by and by	taihoa

C

call	karanga
calm	rangimārie
camp	puni
canoe	waka
captive	herehere
carelessness	whakaaro kore

carry	kawe, kawea
carrying	waha haere ana
cask	kāho
cat	ngeru
catch	hopu
cave	ana
certain (some)	tētahi, ētahi
certainly	inā
chair	tūru
chant	pātere
chapter	ūpoko
characteristic	āhua (noun)
chief	rangatira
chieftainship	rangatiratanga
child	tamaiti
children	tamariki
Christmas	Kirihimete
chosen	whiriwhiri, whiriwhiria
church	hāhi
circumstance	tangohanga
clean	mā (adj.) horoia (v.)
clear away	whakawātea
climb	piki
clothing	kākahu
cold	makariri
comb	heru
come here	haere mai, nau mai
come back	hoki mai
come near	whakatata mai
command	tono, whakahau
Commanding Officer	Tumuaki
committee	komiti
companions	mā
company (of persons)	ropu, hunga
compel	muru noa atu
consume	pau
continual	hono tonu
continue	tonu

convey	kawe, kawea
correct	tika
council	rūnanga
cow	kau
cowboy	kaupoi
cross over	whiti
crossroad	wehenga
custom	tikanga
Customhouse	Katimauhe
cut down	tua, tuaina
cut off	poro
cut short	poroporo

D

damp	mākū
daughter	tamāhine
day	rā
daytime	ao
dash down	āki, ākina
dead, death	mate
deep	hōhonu
deliberately	āta
deliver (from evil)	whakaora, whakaorangia
descend	heke
desire	hiahia
difficult	uaua
dig	keri
dirty	paru
distance	tawhiti
dive	ruku
divide	wehe
division	wāhanga
dress oneself	whakakākahu
doctor	rata, tākuta
dog	kurī
door	tatau
doorway	kūwaha
drift	teretere

dripping wet	pōteretere
duty	tāke

E

eager	hihiko
early morning	ata, ao ake
education	mātauranga
egg	hēki
end	mutu
enemy	hoariri
enough	heoi, kati
enter	uru
entice	whakawai, whakawaia
evening	ahiahi
ever	ake
evil	hara
examine	tirotirohia
eye	kanohi, karu

F

face (countenance)	kanohi
fall	taka
family tree	whakapapa
farmer	kaimahi pāmu
fasten	whakamau
fear	wehi
fell, cut down	tua, tuaina
fetch	tiki, tīkina
fight	whawhai
fine (weather)	paki
finish	mutu
fire	ahi
firewood	wahie
fish	ika
float	teretere
follow	aru, whai
follow after	whaimuri
food	kai

foolish	wairangi
foot	waewae, putu (measure)
forest	ngahere
forget	wareware
forgive	muru
fought (and lost)	hinga
fowl	heihei
friend	hoa
front	mua
fruit	hua

G

gale	tūpuhi
Gallipoli	Karepori
garden	kāri, māra
gate	kēti
gather	kohi
give	homai (here) hoatu (away)
glad	hari
glory	korōria
go	haere
god	atua
good	pai
goodness	painga
Gospel	Rongo Pai
government	kāwanatanga
Governor	Kāwana
grandchild	mokopuna
great	nui
Greek	Kariki
green	kākāriki
grief	pōuri
ground	whenua
grow	tupu
growth	whakatupu
guard	kāri (noun) tiaki (verb)
guest	manuwhiri
guide	kaiārahi

H

hair	makawe
half	hāwhe
hand	ringaringa
hat	pōtae
head	ūpoko
hear	rongo
heard	rangona
heart	ngākau
heaven	rangi
heavy	taumaha
height	tiketike
help	āwhina
here	nei, konei
high	ike, teitei
hill	puke
hit	whara
holy	tapu
home	kāinga
horse	hōiho
hot	wera
hotel	hōtēra
hour	hāora
house	whare
human being	tangata
hundred	rau
hungry	hiakai
hurt	whara

I

if	mehemea
ill, illness	mate
ignorant	kūare
incantation	karakia
indeed	anō
influence (prestige)	mana
inside	roto
intellect	mātauranga

Irishman/woman	Airihi
island	motu, moutere

J

John	Hōne, Hoani
joy	koa, hari
judge	tiati
jump about	tūpeke
just now	ināianei

K

keep	tiaki
kill	patu
kingdom	rangatiratanga
knock (repeatedly)	pātōtō
know	mōhio
knowledge	mātauranga

L

lake	roto
lament	tangi
land	whenua, uta (as opposed to water)
language	reo
lantern	rātana
large	nui
law	ture
lazy	māngere
leader	kaiārahi, tumuaki
leaf	rau
left behind	mahue
letter	reta
lie	takoto
lie across	pae, tarapiki
light	raiti
lightning	uira
like	rite
like that	pēnā, pērā
like this	pēnei

lion	raiona
lip	ngutu
list	rārangi
listen	whakarongo
little	iti, ririki
live	ora
loaf	rohi
local people	tangata whenua
log	tūporo
London	Rānana
long	roa
look	titiro
lordly	tūārangi
lost	ngaro
love	aroha
Luke	Ruka

M

made great	whakanui, whakanuia
made straight	whakatika
mainland	tuawhenua
make beautiful	whakapaipai
make ready	whakatikatika
Major	Meiha
male	tāne
many	maha, tokomaha
march	māti
me	ahau, au
medicine	rongoā
meet	tūtaki
meeting	hui
meeting place (of the tribe)	marae
memorial	whakamaharatanga
message	kōrero
midday	awatea
migrate	heke
mile	maero

milk	miraka
mill	mira
mind (intellect)	mātauranga
mistake	pōhēhē
misunderstand	kūare
monkey	maki
morning (early)	ata
mother	whaea
mountain	maunga
mouse	kiore paku
mouth	waha
move (in a certain direction)	anga
mud	paruparu
murder (n.)	kōhurutanga

N

name	ingoa
near	tata
neck	kakī
needle	ngira
new	hou
New Zealand	Niu Tīreni
night	pō
no	kāhore
noisy	turituri
nose	ihu
not	ehara (non-identity) kāhore
now	āianei, nāianei, kātahi
now then	kāti
nuisance	hōhā

O

o!	e!
oar	hoe
ocean	moana
of	o, a, nō, nā
officer	āpiha

offspring	uri
old	tawhito
old man	kaumātua, koroua
one	tahi
only	anake
or	rānei
other	atu
out, outside	waho
oven	hāngi, umu

P

paddle (a canoe)	hoe
pain	mamae
paper	pepa
parent	matua
Parliament	Pāremata
pass by	pahure
pass through	puta, putanga
payment	utu
peace treaty	maungārongo
pension	penihana
people (company of)	hunga
people (tribe)	iwi
perhaps	pea
permanent	tūturu
permit (verb)	tukua
perplexed	raruraru
persevering	manawanui
person	tangata
pig	poaka
place	wāhi
plain (country)	mānia
plants	otaota
pleasant	āhuareka
plunder	muru
pocket	pēke
power (authority)	mana
prayer	īnoi, karakia

preserve	tohu
prestige	mana
priest	tohunga
property	taonga
purposely	āta
pursue	whai

Q

quantity	maha
question	pātai, ui
quiet	mārie, rangimārie
quite	anō, rawa, tonu

R

rain	ua
rear	muri
reason	take, pūtake
receipt	rihīti
region	pae
relation	whanaunga
remain	noho
remember	mahara
report	rīpoata
return	hoki
return frequently	hokihoki
ride on horseback	haere runga hōiho
rifle	pū
right (correct)	tika
river	awa
road	ara, rori, huarahi
rob	muru
rotten	pirau
rule	tikanga
run	oma, rere

S

sacred	tapu
sad	pōuri
sail	rā (noun)
	rere (verb)

sailor	hēramana
same	rite
Samuel	Hāmuera
sand	onepū
saw (noun)	kani
say	kī
school	kura
sea	moana
seashore	takutai
see	kite
seek	rapu
selected	whiriwhiri, whiriwhiria
sell	hoko, hokona
sensible	whaiwhakaaro
sergeant	haihana
serious	taumaha
sermon	kauwhau
servant	pononga
service (cermony)	karakia
shake off	rui, ruia
shallow	pāpaku
sharp	koi
sheep	hipi
shine	whiti
ship	kaipuke
shoe	hū
shoot	pupuhi
shore	uta
shortly	taro ake nei
sick	mate
side	taha
sight	tirohanga
silly	kūare
sin	hara
sink	totohu
sit	noho
sky	rangi
slave	pononga

sleep	moe
small	iti
soft	ngohengohe
soldier	hōia
solution	pūtake
some	ētahi
son	tama
song	waiata
soon	wawe
so then	heoi
sound	tangi
south	tonga
spear	tao
speech	whaikōrero
spirit (shadow)	wairua
spirits (strong drink)	waipiro
stand	tū
stay	noho
steamer	tima
still (yet)	anō
stocking	tōkena
stone	kōwhatu
stoop	tuohu
storm	tūpuhi
straight	tika
strike	patu, hau
strong	kaha, mārohirohi
student	akonga
stupid	kūare
sub-tribe	hapū
sugar	huka
summer	raumati
sun	rā
swamp	repo
swift	tere
sympathy	aroha

T

table	tēpu
take	tango
take from	tangohia
taken	riro
talk	kōrero
tall	roroa
taught	whakaako, whakaakona
teach	ako, whakaako
tell	kōrero
that	tēnā, tērā, taua (aforesaid)
the	te, ngā (plural)
there	rā, kei reira, kei kō
therefore	nā reira
these	ēnei
think	whakaaro
thirsty	hiainu
this	tēnei
Thomas	Tāmati
those	ēnā, ērā
thought	whakaaro
tie (with cord)	here
timber	papa
time	wā
to	ki
today	tēnei rā
tomorrow	āpōpō
touched	ahatia, pā, pangia (with illness)
towards	whaka, ki, ko
town	tāone
train	tereina
translate into Māori	whakamāori
treasure	taonga
tree	rākau
tribe	iwi
troops	ope

troublesome	whakahōhā
true	pono
truly	āhua

U

under, underneath	raro
understand	mōhio
unless	ki te kore
until	noa, tae noa atu
up	ki runga
upset, vexed	whakatakariri
up to now	anō
upwards (from below)	ake, ki runga

V

valley	awaawa
verse	rārangi
very	tino, rawa
very great	ka nui
very many	tini
very nearly	tata ana
vexed	whakatakariri
village	pā
violent (as of wind)	pūkeri
visitor	manuwhiri

W

wail	tangi
wait	tatari
wait awhile	taihoa
wake	oho
walk	haere raro ai
wall	pakitara
war	pakanga
warlike	toa ki te whawhai
warrior	māia, toa
wash	horoi
water	wai

wave	ngaru
way (road)	ara
weak	ngohengohe
weapon	patu, mau patu
weep	tangi
welcome (noun)	pōwhiri
welcome!	haere mai! nau mai!
well!	kāti!
well (in health)	ora
Wellington	Pōneke
wet	mākū
whale	tohorā, parāoa
what?	he aha?
what!	hā!
when?	āhea?
where?	kei hea?
which?	tēhea? ēhea?
white	mā
who, whom	wai
wife	wahine
willing	pai
Wilson	Wirihana
wind (air in motion)	hau
wipe out	muru
wire (telegram)	waea
wisdom	mātauranga
with	me
woman	wahine
wood (forest)	ngahere
wood (timber)	rākau
word	kupu
work	mahi
work at	mahi, mahia
wound (injury)	tū
wounded man	taotū
wrap	takai
write	tuhituhi

wrong	hē

Y

year	tau
yes	ae
yesterday	inanahi
yet	anō